W0179892

Paul Ronzheimer

SEBASTIAN KURZ

Paul Ronzheimer

SEBASTIAN KURZ

DIE BIOGRAFIE

FREIBURG · BASEL · WIEN

© Verlag Herder GmbH, Freiburg im Breisgau 2018
Alle Rechte vorbehalten
www.herder.de

Satz: Daniel Förster, Belgern
Herstellung: CPI books GmbH, Leck

Printed in Germany

ISBN Print 978-3-451-39977-0
ISBN E-Book 978-3-451-81340-5

Inhalt

Vorwort

Es war März 2016, als die Bilder von Flüchtlingen am Grenzzaun zwischen Griechenland und Mazedonien um die Welt gingen. Die Grenze war plötzlich zu, und Frauen, Kinder und Männer saßen im Schlamm fest. Sebastian Kurz war derjenige, der für diese Bilder in Idomeni politisch mit verantwortlich war. Er kam aus Wien, ich aus Idomeni, als wir uns bei einem Abendessen in Berlin trafen. »Wie können Sie diese Menschen alleinlassen, wie konnten Sie die Balkan-Route schließen? Das ist eine Schande für Europa«, blaffte ich ihn an.

Kurz blieb im Gegensatz zu mir ruhig. Und erklärte stoisch, warum es aus seiner Sicht keine Alternative zur Schließung der Balkan-Route gab, warum er die Bilder des Zauns als Abschreckung für wichtig hält, und dass aus seiner Sicht nur so die Flüchtlingskrise bekämpft werden könne.

Ich berichtete ihm von den Menschen dort. Von ihrem Leid. Und von dem Leben in den Krisenregionen. »Auch ich habe Mitleid mit den einzelnen Menschen«, sagte Kurz zu mir, »aber was hätten wir denn machen sollen? Es kamen doch immer mehr!«

Wir waren uns an diesem Abend fast in jeder Frage uneinig, aber blieben intensiv in Kontakt und diskutierten in den folgenden Wochen und Monaten immer wieder über die Flüchtlingskrise.

Kurz war und ist interessiert an anderen Perspektiven. Und wenn mir etwas schon früh aufgefallen ist am Politiker Sebastian Kurz, dann war es das aufrichtig erscheinende Interesse an seinem Gegenüber. Er fragt häufig nach, will immer mehr wissen. Das ist durchaus untypisch für Politiker, die häufig vor allem sich selbst gern reden hören.

Ich kenne Sebastian Kurz seit 2014, als ich als Reporter für BILD fast das ganze Jahr über aus der Ukraine berichtet habe. Ich habe den damaligen Oppositionsführer Vitali Klitschko monatelang am Maidan begleitet. Und ich war auch dort, als Kurz auf den Platz im Zentrum von Kiew kam. Es war das erste Mal, dass Kurz in seinem Leben mit Krieg konfrontiert war, und die Monate dieser Krise haben ihn ganz sicher nachhaltig beeindruckt und verändert.

Aber warum eine Biografie über einen 31-Jährigen?

Natürlich kann dieses Buch nur eine Bestandsaufnahme sein, für Sebastian Kurz werden vor allem die kommenden Jahre als Kanzler entscheidend sein, um sein politisches Leben bewerten zu können. Und dennoch hat er in den vergangenen sechs Jahren einen solch einzigartigen Weg hingelegt, dass er schon jetzt als Ausnahmepolitiker gilt.

Er ist mit seinem steilen Aufstieg, seiner demonstrativen Nahbarkeit und als Initiator einer Bewegung vielleicht auch typisch für eine neue Generation europäischer Politiker, die sich in den nächsten Jahren anschickt, die Macht zu übernehmen. Die Dinge ändern sich nicht nur, sie tun das auch immer rascher. Wer sich dem am besten anpassen kann, gewinnt. Sebastian Kurz steht dafür.

Er hat mir die Möglichkeit gegeben, intensiv Einblick zu erhalten. Ich habe ihn nach der Wahl im Oktober 2017 zu stundenlangen Gesprächen in seinem Wohnviertel in Wien-Meidling getroffen, ich war mit ihm auf dem Bauernhof seiner Großmutter in Niederösterreich und in seinem Außenministerbüro.

Bei der Angelobung am 18. Dezember 2017, als Kurz zum Kanzler ernannt wurde, habe ich ihn begleitet. Und seine Eltern gaben mir das erste Interview, das sie jemals mit einem Journalisten geführt haben. Zu Kurz' Strategie gehörte bisher immer eine fast komplette Abschottung seines Privatlebens, weshalb auch seine Eltern in den Medien kaum aufgetaucht sind.

Ich habe auch viele Politiker und Weggefährten kontaktiert, die Kurz kritisch gegenüberstehen. Auffällig war dabei, dass viele entweder gar nicht sprechen oder nur anonym zitiert werden wollten. »Wir wollen erst mal abwarten, wie die Regierung jetzt arbeitet, und nicht gleich als Kritiker auffallen«, hieß es zum Beispiel.

In diesem Buch geht es um den Weg von Sebastian Kurz zur Macht, wie er als 31-Jähriger Kanzler werden konnte, und was in seinem politischen Leben passiert ist.

Seine Unterstützer sehen in Kurz einen Politiker ganz neuer Art, der Österreich reformieren und verändern wird. Und als junger aufstrebender Kanzler dem Land in Europa ein neues Gewicht verleiht.

Seine Kritiker sehen in ihm einen Karrieristen, der für Wählerstimmen gegen Flüchtlinge Stimmung gemacht hat, und jetzt eine Koalition mit Rechtspopulisten eingegangen ist, nur um an die Macht zu kommen.

Eine zentrale Rolle in Kurz' Karriere nimmt die Schließung der Balkan-Route ein, und deshalb ist dieses Buch auch keine rein klassische Biografie. Es geht auch um Menschen, denen Kurz zwar nicht begegnet ist, deren Leben er aber, gewollt oder ungewollt, mitbestimmt hat.

Als Reporter habe ich aus Ländern wie Syrien, Irak, Libyen, Ägypten, Ukraine, Afghanistan, Griechenland und der Türkei berichtet. Insbesondere während der Flüchtlingskrise habe ich mich bei der Berichterstattung auf die Schicksale der Menschen und ihre Geschichten konzentriert. Auch sie sollen zu Wort kommen, denn auch sie gehören zum Leben von Sebastian Kurz. Er hat insbesondere als Außenminister Entscheidungen mitgeprägt, die nicht nur Konsequenzen für Österreich hatten, sondern weit darüber hinaus.

Sebastian Kurz ist jetzt Kanzler. In diesem Buch erfahren Sie, wie es dazu kam.

Mein Dank geht an meine Freunde und Kollegen beim Axel Springer Verlag und der BILD-Zeitung, die mir seit Jahren alle Unterstützung und Freiheit geben, die sich ein Reporter nur wünschen kann, besonders an Julian, Kai und Nikolaus. Außerdem geht mein Dank an meine Eltern und meine ganze Familie.

Kapitel 1

Kindheit und Jugend

»Als hätten wir das Fluchtthema in den Genen«

Sebastian Kurz ist sechs Jahre alt, als er in seinem Leben zum ersten Mal Kriegsflüchtlinge trifft.

Es ist das Jahr 1992, der Jugoslawien-Krieg wütet nur 500 Kilometer entfernt von Wien. Tausende Tote, ein Genozid mitten in Europa. Millionen Menschen werden vertrieben oder fliehen. Über 100 000 wollen nach Österreich.

Elisabeth Kurz und Josef Kurz, die Eltern des Mannes, der 25 Jahre später Österreich und Europa verändern wird, sehen die Bilder der verzweifelten Menschen im Fernsehen. Und treffen eine Entscheidung: Sie möchten helfen.

Josef Kurz ist heute 67 Jahre alt und arbeitet trotz Rentenalters immer noch als Ingenieur. Die Ähnlichkeit mit seinem Sohn ist verblüffend, weiche Gesichtszüge, das gleiche verschmitzte Lachen.

»Das war so eine gewisse Stimmung«, erinnert sich Josef Kurz an die Zeit während des Jugoslawien-Krieges. »Man hat gehört, dass unser Bundesheer auch dort stationiert werden sollte. Wir haben dann erfahren, dass es in Niederösterreich bereits Geflüchtete gab. Und da wir Platz hatten auf dem Bauernhof in Zogelsdorf, hat eine Familie dann bei uns auf dem Hof gewohnt.«

Zogelsdorf, so heißt der Ort, in dem Elisabeth Kurz aufgewachsen ist. 150 Einwohner, ein Kriegsgräberdenkmal, eine Kapelle. Der Bauernhof, den die Großeltern von Sebastian Kurz noch bewirtschaftet hatten, ist während des Jugoslawien-Krieges nicht mehr in Betrieb.

»Wir haben dann mit ihnen Deutsch gelernt«, sagt Josef Kurz, »manchmal bin ich mit den zwei Flüchtlingsmädchen und Sebastian ins Hallenbad und musste aufpassen, dass die alle drei nicht ertrinken.«

Dass die Kinder aus dem Krieg geflüchtet sind, versteht der Mann, der als jüngster Kanzler Österreichs in die Geschichte eingehen wird, damals noch nicht. »Dadurch, dass bei uns häufig viele Kinder zu Besuch kamen, war das nichts Ungewöhnliches«, sagt Elisabeth Kurz. »Der Unterschied war eben nur, dass sie noch nicht Deutsch sprechen konnten. Aber Flucht oder Krieg, das haben wir versucht auszublenden mit den Kindern.«

Sebastian Kurz kann sich noch heute an die Mädchen erinnern, die damals auf dem Hof gelebt haben und mit denen er zusammen unterwegs war. »Es waren Mädchen, die damals in einer extrem schrecklichen Lage waren«, sagt er. »Und doch war es so, dass sie zumindest dann beim Spielen so gewirkt haben, dass sie halbwegs unbeschwert sein können. Ich weiß noch genau, dass ich mich gefragt habe, wo denn ihre Väter sind.«

Sebastian Kurz wird als Kind früh damit konfrontiert, was Krieg, Flucht und Vertreibung bedeuten. Auch weil es Teil der eigenen Familiengeschichte ist.

Die Großmutter kommt aus Novi Sad (heute Serbien) und flüchtete als 16-Jährige im Zweiten Weltkrieg nach Niederösterreich. Sie spricht nur Ungarisch, als sie während des Krieges die 598 Kilometer durch Ungarn und die Slowakei bis nach Niederösterreich läuft. Ein wochenlanger Marsch immer in der Angst, getötet zu werden. In Niederösterreich lernt sie später Kurz' Großvater kennen.

»Die Mama hat mir immer wieder erzählt, was dort los war«, sagt Elisabeth Kurz, die noch heute mehrmals in der Woche ihre pflegebedürftige Mutter besucht. »Die Leichen haben in den Straßengräben gelegen, sie wurden die ganze Zeit bombardiert aus der Luft. Und diejenigen, die das überlebt haben und nicht geflohen sind, wurden einfach erschossen.«

Die Großmutter von Sebastian Kurz redet bis heute viel über das, was sie während des Zweiten Weltkriegs gesehen hat. »Sie hat immer wieder plötzlich diese Bilder vor Augen und träumt auch davon. Das ist so, als hätten wir dieses Fluchtthema in den Genen«, sagt Elisabeth Kurz. »Das ist etwas Furchtbares, auch für mich. Wie eine Erinnerung, obwohl ich es nicht erlebt habe. Das ist in mir und natürlich auch die Angst.«

Sebastian Kurz fällt als Kind auf, dass seine Oma Ungarisch sprechen kann. »Das war irgendwie interessant, und ich habe sie dann immer wieder nach ihrer Geschichte gefragt. Das ist natürlich sehr prägend für einen.« Die Erlebnisse seiner Großmutter und die Bilder von den Jugoslawien-Flüchtlingen werden Sebastian Kurz auch später noch beschäftigen, als er sich in der Flüchtlingskrise gegen den Kurs von Kanzlerin Angela Merkel stellt.

»Sie hat mir Disziplin und viel Liebe mitgegeben«, sagt Kurz vor der Wahl 2017 in der »Kronen Zeitung« über seine Großmutter. »Ich habe sie eigentlich immer nur arbeitend erlebt. Sie ist nie ruhig gesessen und hatte auch nie Urlaub (…) Das ist die Generation, die unser Land nach dem Krieg mit viel Fleiß aufgebaut hat, der wir unseren Wohlstand verdanken. Deshalb muss es einen Unterschied machen, ob man ein Leben lang etwas für das Land geleistet hat oder noch nie ins System einbezahlt hat. Unser Sozialsystem muss vor zu viel Zuwanderung geschützt werden.«

Migranten, Zuwanderung, Sozialsystem – es sind diese Schlagworte, die Kurz bei Kritikern zu »Strache light« machen werden. Eine Anspielung auf den Chef der rechtspopulistischen FPÖ, Heinz-Christian Strache, mit dem er nach der Wahl 2017 eine Koalition eingeht. Sebastian Kurz weist diese Vergleiche immer von sich. »Ich habe nie einen hetzenden oder träumerischen Ansatz bei der Integration gehabt, sondern immer einen pragmatischen«, sagt er. »Das hat sich in all den Jahren nie geändert.«

Kritiker sehen das anders und werfen ihm vor, seine Position im Laufe der Jahre immer der Stimmung im Land angepasst zu haben.

Aus einfachen Verhältnissen

Elisabeth und Josef Kurz wachsen 70 Kilometer voneinander entfernt auf, sie auf dem Bauernhof in Zogelsdorf, er in dem 200-Einwohner-Ort Wetzleinsdorf. Beide jeweils rund eine Stunde von Wien entfernt.

Ein Bruder von Josef Kurz wird in Wetzleinsdorf später Bürgermeister. Und Josef Zimmermann, ein Cousin von Sebastian Kurz, ist noch heute Bürgermeister in der Gemeinde Großrußbach. Zimmermann ist während der Flüchtlingskrise 2015 als Helfer für das Deutsche Rote Kreuz unterwegs. »Wir sind um vier Uhr früh an die Grenze nach Nickelsdorf gefahren, wir wollten helfen«, berichtet er während der Krise der Zeitung »Österreich«.

Es zeigt beispielhaft, wie zerrissen auch die Familie Kurz in der Flüchtlingsfrage ist. Auf der einen Seite steht ihr christlich-sozialer Glaube und ihre feste Überzeugung, dass man Menschen in

Not helfen muss. Auf der anderen Seite steht die Überforderung durch eine immer größer werdende Anzahl von Flüchtlingen.

Elisabeth ist erst 16 Jahre, Josef 23, als sie sich in Wien das erste Mal treffen. »Wir haben uns beim Katharinentanz kennengelernt«, erzählt Josef Kurz, »das ist der letzte Tanz vor Weihnachten. Danach hat man damals bis Weihnachten nicht mehr getanzt.«

Elisabeth geht damals noch zur Schule, Josef arbeitet bereits als Ingenieur. »Mich haben sie schon während der Schule gefragt, ob ich zu Philips kommen möchte«, erzählt Josef Kurz. »Eigentlich bin ich nur in Reserve aufgenommen worden. Die haben mir dann etwas zum Lesen und zur Selbstbeschäftigung gegeben, mir ist das total komisch vorgekommen. Aber mein damaliger Chef wollte sich einfach absichern, damit er direkt jemanden hat. Sie haben damals oft Leute aufgenommen, obwohl es gar nicht notwendig war.«

Das junge Paar zieht schnell zusammen, in eine Wohnung am Wiener Stadtring, ihr Verdienst ist damals übersichtlich. Elisabeth Kurz hat die erste Wohnung noch heute genau vor Augen. »Das war schon eine sehr, sehr kleine Wohnung«, sagt sie. »Im Zimmer war ein Ölofen und wir sind dann immer mit einem Kanister Öl holen gegangen an einer Tankstelle. Alles hat danach gestunken. Und dann gab es nur eine Glastür zum Gang hinaus, da hat man immer gesehen, wer über den Flur geht. Das war ein bisschen gruselig.«

Die 70er-Jahre auf den Straßen von Wien sind wild. Protestbewegungen entstehen, es wird gegen Atomkraft auf die Straße gegangen und der SPÖ-Mann Bruno Kreisky wird Kanzler. Er hatte es zuvor als Außenminister in den 60er-Jahren geschafft, Wien zu einem wichtigen Zentrum der internationalen Diplomatie zu machen. Nun gelingt es ihm, eine Alleinregierung der SPÖ zu organisieren.

Die Angst, dass aus einem Kalten Krieg ein heißer Krieg wird, schwingt in diesen Jahren immer mit. Auch Elisabeth Kurz und Josef Kurz haben Angst davor, insbesondere Kurz' Mutter in Zogelsdorf ist in Sorge, sie hat ihre eigene Geschichte immer vor Augen.

Und die politischen Konflikte der Welt erreichen auch Wien. Am 21. Dezember 1975 stürmen während einer Ministerkonferenz sechs Terroristen, darunter zwei Deutsche, das OPEC-Gebäude, töten drei Menschen und nehmen 62 Geiseln.

Während die Welt immer chaotischer zu werden scheint, versuchen Josef Kurz und Elisabeth Kurz ihr Leben ruhig zu leben. Sie beschäftigen sich wenig mit der österreichischen Politik, bei Wahlen geben sie der ÖVP ihre Stimme. »Bei uns auf dem Land wurde immer konservativ gewählt, das war einfach so«, sagt Josef Kurz.

Die Wahlkämpfe sind auch damals schon sehr umstritten. Die ÖVP versucht den Sozialdemokraten Kreisky als »Wegbereiter des Kommunismus« anzuprangern. Und der ÖVP-Bundeskanzler, gegen den Kreisky 1970 antritt, lässt sich auf Plakaten als »echten Österreicher« darstellen. Viele Sozialdemokraten verstehen das damals als antisemitische Anspielung auf Kreiskys jüdische Herkunft.

Elisabeth beginnt mit 19 Jahren ihr Lehramtsstudium. »Wir haben dann von einem Gehalt gelebt«, erzählt Josef Kurz, »es war nicht viel, was ich am Anfang verdient habe. In unserer Wohnung hatten wir keine Waschmaschine. Deshalb sind wir jedes Wochenende rausgefahren auf den Bauernhof und haben unsere Wäsche mitgenommen.«

»Er war immer in Bewegung«

Anfang der 80er-Jahre beendet Elisabeth Kurz ihr Studium, Josef Kurz steigt bei Philips weiter auf. Es sind gute Zeiten, in denen sie sich entscheiden, eine Familie zu gründen. Ende 1985 wird Elisabeth Kurz schwanger.

1986 putscht sich Jörg Haider an die Spitze der rechtspopulistischen FPÖ. Er stürzt den Vorsitzenden der FPÖ, Norbert Steger, mithilfe des deutschnationalen Flügels. Haider ist der Mann der Stunde. Und in Europa sorgt er schon damals für Angst vor einem Rechtsruck.

In Kärnten hatte er in den Jahren zuvor unter anderem gefordert, dass für Kinder der slowenischen Minderheit getrennte Schulklassen eingeführt werden sollten, weil sonst der Erfolg der deutschstämmigen Sprösslinge gefährdet sei.

Als Haider, 36, beim Parteitag zum Rednerpult läuft, begleiten ihn vereinzelte »Sieg Heil«-Rufe. Und die Frau des gestürzten Parteichefs Steger wird von Betrunkenen angepöbelt, ihr Mann gehöre »vergast oder erschossen«, berichtet der »Spiegel«.

Die Stimmung ist aufgeladen, auch, weil Österreich die zweitgrößte Wirtschaftskrise seit 1945 erlebt. Der größte Konzern des Landes, die schwer defizitäre Gesellschaft Voest-Alpine-AG, will ein Viertel ihrer 38 000 Beschäftigten entlassen. Für das kleine Land Österreich ein schwerer Schlag.

Familie Kurz macht damals ein anderes Ereignis große Sorgen: der Reaktorunfall in Tschernobyl. »Wir haben das erst gar nicht richtig verstanden, weil die Meldung ja viel zu spät kam und erst gar nicht so dramatisch klang, wie sie wirklich war«, sagt Elisabeth Kurz. »Ich habe mir natürlich riesige Sorgen gemacht, weil ich im sechsten Monat schwanger war. Es gab schon viele Diskussion, über die Milch und alles Mögliche. Einige haben sogar Lebensmittel eingefroren.«

Tatsächlich ist Österreich durch den radioaktiven Niederschlag stärker betroffen als die meisten Nachbarländer. Und die Panik ist groß.

Die Wolke erreicht Österreich am 29. April 1986, drei Tage nach dem Super-GAU. Im Wiener Atominstitut wird um

13.30 Uhr eine erhöhte Strahlenbelastung gemessen. Der starke Regen sorgt dafür, dass vor allem Teile Oberösterreichs und Salzburg stark betroffen sind. Und verändert das Leben von Menschen, Tieren und Landschaft für immer.

In den Wäldern dürfen keine Pilze mehr gesammelt werden, in einigen Schulen geht es so weit, dass sich Kinder beim Sport im Freien nicht mehr auf den Rasen setzen dürfen. Sie müssen stehen.

1000 Kilometer Luftlinie von Wien entfernt befindet sich damals ein Mann im Epizentrum des Unglücks, der später in der Karriere von Sebastian Kurz noch eine Rolle spielen wird.

Vitali Klitschko ist gerade 14 Jahre, als sein Vater zu einem Einsatz gerufen wird. »Er sagte, dass er für einen Notfalleinsatz ein paar Tage weg müsse«, erinnert sich Klitschko. »Wir haben nicht gefragt, wohin. Nach zwei Tagen kontaktierte er uns dann panisch. Wir sollten zu Hause bleiben, die Wohnung nicht verlassen, weil das Atomkraftwerk in Tschernobyl explodiert ist.«

Plötzlich sieht Vitali Klitschko in Kiew keine Busse mehr. Sie sind alle in Tschernobyl, um Menschen zu evakuieren. Tickets für Flugzeuge oder Züge sind vergriffen.

Wladimir Rodionowitsch Klitschko ist währenddessen in der verseuchten Zone und koordiniert die Löscheinsätze der Armee. Die Männer, die löschen, dürfen immer nur für eine begrenzte Zeit arbeiten. Aber trotzdem werden viele von ihnen nach dem Einsatz sterben.

Vitali Klitschko hat Sebastian Kurz später von Tschernobyl erzählt und davon, wie sein Vater 2011 an den Spätfolgen mit nur 64 Jahren an Krebs starb.

»Ich bin selbst schon häufiger in der gesperrten Zone gewesen«, sagt Klitschko. Ein schreckliches Gefühl, wenn man die immer noch verlassenen Städte und Dörfer sieht. Viele Tausend Menschen haben ihr Leben durch die Katastrophe verloren.«

Als Tschernobyl passiert, ahnt niemand, dass die Lebenslinien von Vitali Klitschko und Sebastian Kurz sich einmal berühren würden. 27 Jahre später, der Eiserne Vorhang ist längst gefallen, sind Klitschko und Kurz beide Berühmtheiten in ihrem Land. Sie lernen sich während einer erneuten Krise des europäischen Kontinents kennen. Es sind die Tage, als in der Ukraine ein Krieg ausbricht.

Sebastian Kurz kommt dreieinhalb Monate nach der Tschernobyl-Katastrophe auf die Welt. Die Familie wohnt in Meidling, damals noch mehr ein Arbeiterstadtteil als heute.

Seit 1946 hat der Stadtteil einen durchgehend sozialdemokratischen Bezirksvorsteher, es gibt von der Stadt finanzierten Wohnungsbau. Neben den klassischen Schuh- und Klamottengeschäften gibt es mittlerweile auffällig viele Handyshops und Imbissläden, viele betrieben von ehemaligen Flüchtlingen.

Aber daneben gibt es auch das gutbürgerliche Meidling. Kurz hielt seine erste Pressekonferenz als kommender ÖVP-Chef im »Springer-Schlössl«, wo die Parteiakademie untergebracht ist.

Familie Kurz wohnt in den ersten Jahren in einer Wohnung in einem klassischen 70er-Jahre-Bau.

»Als Baby war er am Anfang ganz brav, aber nur die ersten zehn Monate«, sagt Elisabeth Kurz, »dann ist es schwierig geworden, weil er immer so quicklebendig war, dass es kaum zum Aushalten war. Er war ein wahnsinnig herzliches Kind, total lieb und total süß. Aber eben total fordernd. Ich habe sehr oft mit ihm draußen etwas gemacht, weil er immer Bewegung brauchte«, sagt Elisabeth Kurz, »dann sind wir baden gegangen ins Freibad im Sommer. Und er ist dann ohne Schwimmflügel losgerannt und hat geschrien: Mama guck mal. Dann ist er einfach ins Wasser gehüpft und hat gelacht. Dabei konnte er ja gar nicht schwimmen. Ich musste immer aufpassen, er fand das total lustig.«

Vater Josef Kurz versucht als Ingenieur seinen Sohn für Technik zu begeistern, bringt Lego mit nach Hause. Aber der Sohn spielt anders mit den Steinen, als es der Vater erwartet hat. »Er war schon immer so, dass er viele beschäftigt hat«, sagt Josef Kurz. »Bei der Mama war es so, dass er nicht wollte, dass sie am Rand sitzt, sondern hinter ihm her rennt, weil ihm das Spaß gemacht hat. Beim Lego gab es dann ein Schiff oder eine Burg, die gebaut werden sollte. Er hatte dann Freunde dabei und da war er meistens schon der Chef und hat gesagt: Ich möchte das so und nicht so. Das ist dann alles sozusagen unter seiner Anleitung entstanden.«

Im Sommer ist die Familie manchmal wochenlang auf dem Bauernhof in Zogelsdorf. Das prägt Sebastian Kurz. Die zwei Österreichs, die er kennenlernt, die Stadt und das Land. Es ist Bodenständigkeit, Naturverbundenheit und auch Sicherheit, die er als Kind spürt. Das Selbstbewusstsein, das er hier entwickelt, hilft ihm später, den Menschen offen zu begegnen.

Zu Hause fühlt er sich auch in Zogelsdorf: »Ich bin dort sehr eng aufgewachsen mit meinen zwei Cousinen und meinem Cousin. Weil ich keine Geschwister hatte, war ich mit denen sehr verbunden«, sagt Sebastian Kurz. Die Cousinen witzeln noch heute, dass Geschwister neben Sebastian Kurz wohl kaum Platz gehabt hätten.

Auf dem Bauernhof entwickelt sich seine große Tierliebe, nicht nur für den Hund Tasso. »Wir haben irgendwann mal über 20 Hasen gehabt, weil die sich so schnell vermehrt haben. Einmal habe ich als Kind auch einen Zwergziegenbock von einem anderen Bauernhof geholt und dann hatten wir den einfach im Garten«, erzählt Kurz.

In seiner Kindheit versammelt sich auf dem Hof in Zogelsdorf häufig die gesamte Nachbarschaft. »Der ganze Hof war immer voll mit Kindern«, erzählt Elisabeth Kurz, »ich kann mich noch gut erinnern, dass wir alle an einem Tisch saßen und ich habe Palatschinken gemacht. Alle kannten den Speiseraum der Oma, wo es Süßigkeiten gab. Die Kinder sind da ein und ausgegangen. Zu uns nach Wien ist meine Mutter nur dann gekommen, wenn Sebastian krank war und ich nicht mehr weiter wusste. Ansonsten sind wir immer auf den Hof an den Wochenenden.«

»Heimat ist für mich ein Ort, wo ich mich geborgen fühle«, sagt Sebastian Kurz. »Das hängt jetzt gar nicht so sehr mit meiner Umgebung zusammen, sondern eher mit meiner Familie und Freunden. Und wenn es jetzt um Österreich insgesamt geht, dann sind es die Berge, das Mountainbiken und Klettern und Wandern. Und es ist die gesamte Vielfalt: von der großen Stadt Wien bis hin zum Land und den Bergregionen.«

Marlene ist die Cousine, mit der Sebastian Kurz in der Kindheit und Jugend besonders viele gemeinsame Tage auf dem Bauernhof verbracht hat. Sie wohnt noch heute in der Nähe von Zogelsdorf, arbeitet als Kindergärtnerin und hat jetzt selbst drei Kinder. »Für mich ist er wie ein Bruder«, sagt sie, »ich erinnere mich noch, als ich 21 war, er elf Jahre und wir gemeinsam in den Urlaub gefahren sind. Da hat man schon gesehen, dass er als junges Kind schon gern sehr viel Verantwortung übernommen hat. Meine Tochter konnte damals eine Woche lang nicht aufs WC gehen. Das hat er dann mitbekommen und ist einfach zur Rezeption gegangen und hat einen Arzt gerufen. Auf einmal klopft es an unserer Zimmertür und ein Arzt war da. Wir wussten davon ja nichts.«

Auch Marlene erinnert sich an Sebastian Kurz als ein besonders aufgewecktes Kind. »Er war immer in Bewegung. Er hat sein Rad genommen und ist im Hof Runden gefahren oder hat mit unserem Hund gespielt. Irgendwann wollte er dann immer Wasserschlachten veranstalten. Als der Vater dann gerade auf der Sonnenliege eingeschlafen war, haben wir Luftballons mit Wasser aufgefüllt und er war plötzlich komplett nass.«

Schulzeit

Nach der Volksschule wechselt Sebastian Kurz aufs Gymnasium, das nicht weit von seinem Zuhause entfernt ist. Das Straßenbild von Meidling hat sich zu diesem Zeitpunkt bereits stark gewandelt. Durch den Jugoslawien-Krieg sind viele Flüchtlinge gekommen, viele sind geblieben. Die meisten stammen aus Bosnien und Kroatien.

»Ich habe damals auf den Straßen gemerkt, dass es diese Spannungen zwischen Serben, Kosovaren und Bosniern dann auch teilweise hier gab«, sagt Sebastian Kurz. »Aber mir ist eigentlich erst viel später bewusst geworden, warum da teilweise eine grundlegende ablehnende Haltung da war und warum es so viele Vorurteile und Ablehnungen gab.«

Aber in den 90er-Jahren funktioniert die Integration. Schon 1991 sind 30 000 Asylbewerber im Land, und Österreich rüstet sich bereits damals für 60 000 weitere. Die Entscheidungen fallen im Innenministerium. Dort hauptverantwortlich für die Umsetzung: Helmut Kodydek.

»Der Krieg war damals nur ein paar Kilometer von uns entfernt«, sagt Kodydek dem »ORF« bei einem Rückblick 2015. Für ihn ein entscheidender Grund, warum auch die Integration besser und schneller funktioniert. »Auch die Darstellung der Kriege in den Medien war anders. Heute ist alles rechts angehaucht und es wird das Vorurteil geschürt, dass die Flüchtlinge aus Syrien und dem Irak alle aus wirtschaftlichen Gründen nach Europa kommen.«

Es ist genau diese Debatte, der sich Sebastian Kurz in seinem späteren politischen Leben immer wieder stellen muss.

Auch in seinem Gymnasium gibt es damals viele, die aus dem ehemaligen Jugoslawien geflohen waren und jetzt in Kurz' Klasse lernen wollen.

»Die Hälfte hatte schon damals einen Migrationshintergrund«, erinnert er sich, »Wir waren alle gute Freunde und sind gemeinsam ausgegangen, haben gemeinsam Fußball gespielt und gemeinsam die Schule geschwänzt. Bis heute habe ich mit vielen aus meiner Klasse guten Kontakt.«

Schon damals ist Sebastian Kurz der festen Überzeugung, dass es in Österreich jeder schaffen kann, wenn er will. Als Integrationsstaatssekretär wird er es später »Integration durch Leistung« nennen.

»Bei uns in der Schule hat es gut funktioniert, weil es ein Gymnasium war und weil alle schon Deutsch konnten, als sie da in der Schule gestartet sind«, sagt Kurz. »Aber in unserem Bezirk habe ich auch damals immer die Schattenseiten erlebt. Dass es Gegenden oder gewisse Straßen gab, wo Migranten waren, die keine Schulausbildung gemacht haben und die dann am Nachmittag im Park waren und andere belästigt haben. Da hatten dann damals Frauen bereits Sorgen, wenn sie allein da langgelaufen sind.«

Neben der Schulzeit macht Sebastian Kurz bereits als junger Schüler viel Sport. Neben dem Bergsteigen ist er begeisterter Tennisspieler. Und gleichzeitig geht Kurz schon früh gern in Bars und Diskotheken. »Meine Eltern haben mich sehr liberal erzogen und mir eigentlich keine großen Vorschriften gemacht«, erinnert sich Sebastian Kurz, »wenn ich so zurückblicke, dann wundert mich das eigentlich schon ein bisschen. Wenn ich bald selbst Kinder hätte, wüsste ich nicht, ob ich das so machen würde.«

Der Geografielehrer von Sebastian Kurz erinnert sich gern an seinen Schüler. Noch heute lehrt Edwin Fichtinger am selben Gymnasium.

»Unsere Schule hat jeden Krieg und jede Krise immer direkt miterlebt. Als der Schah von Persien gestürzt wurde, kamen Flüchtlinge zu uns. Als es Probleme auf den Philippinen gab, kamen Flüchtlinge zu uns. Und dann gab es viele Flüchtlinge, als der Jugoslawien-Krieg ausbrach. Das war in der Zeit, als Sebastian hier war.«

Auch in der Flüchtlingskrise 2015 kommen viele Schüler aus dem Irak, Syrien oder Afghanistan an die Schule, in der Kurz auf der Schulbank saß. »Heute ist es aber komplizierter geworden«, sagt Fichtinger, »denn wir werden mit vielen Sachen allein gelassen. Viele der Flüchtlinge können kein Deutsch und wir müssen es dann irgendwie schaffen, alle gemeinsam zu unterrichten. Das ist nicht einfach.«

Es sind Menschen wie Fichtinger, die Kurz später in seinem Wahlkampf ansprechen wird. Die Leute, die das Gefühl haben, dass sich etwas verändert hat, ohne dass der Staat noch die Kontrolle behält. Die Antworten von der Politik erwarten, aber keine bekommen. Die sich zweitrangig und allein gelassen fühlen.

Wenn Fichtinger heute als Lehrer darauf schaut, was Kurz besonders gemacht hat, dann fällt ihm vor allem die Schülerfirma ein, die er gemeinsam mit Klassenkameraden aufgebaut hat. »Sebastian war Geschäftsführer und Marketingleiter. Sie haben es geschafft, Nachmittagsbetreuung für andere Schulen zu organisieren, Workshops über gesunde Ernährung zu machen, und haben auch gemeinsam mit den Schülern gekocht. Das war wirklich beeindruckend.« Auch die Eltern sind dem Lehrer noch in Erinnerung: »Ich denke, dass das Elternhaus und die Kirche ihn geprägt haben.«

In der Schule hat Kurz nie Probleme. »Er war ein sehr guter Schüler und hat in Geschichte über die Rolle eines Offiziers im Ersten Weltkrieg maturiert. Da musste er die verschiedenen Standpunkte mündlich wiedergeben. Das hat er meisterlich geschafft«, sagt Lehrer Fichtinger.

Heute ist es eine skurrile Vorstellung, wie Sebastian Kurz dort im Klassenraum über den Ersten Weltkrieg referiert hat. Und jetzt zwölf Jahr später über Krieg und Frieden in der Welt mitentscheidet.

Lehrer Fichtinger beschäftigt sich bis heute selbst viel mit Integrationspolitik. Dass Kurz so früh in die Politik geht, verwundert ihn zunächst. »Ich dachte schon, dass das ein bisschen jung ist, als er dann Staatssekretär für Integration wurde. Aber dann fand ich es gut, dass er die Probleme angesprochen hat. Und wir haben Probleme! In unseren Klassen sind mittlerweile teilweise 80 Prozent Migranten, die viele verschiedene Sprachen sprechen, aber zu wenig Deutsch. Und wir werden mit all dem alleingelassen.«

»Selbst wenn es ganz finster ist, kann man noch eine Lösung finden«

Als Kurz 14 Jahre alt ist, kommt in Österreich eine Partei an die Macht, die in vielen Ländern Europas Sorge auslöst.

Es ist das Jahr 2000, als erstmals die FPÖ unter Jörg Haiders Führung in eine nationale Regierung eintritt. Als Koalitionspartner der ÖVP unter Bundeskanzler Wolfgang Schüssel. Die EU verhängt Sanktionen, weil sie in Haider einen EU-Feind, vor allem aber einen Verharmloser des Nationalsozialismus sieht. Im Wahlkampf hatte Haider mit Wahlkampfslogans wie »Stoppt Überfremdung« geworben. Israel verhängt ein Einreiseverbot und ruft »alle aufgeklärten Staaten der Welt« zu Gegenmaßnahmen auf. Der damalige deutsche Außenminister Joschka Fischer sagte: »Wir dürfen nicht zusehen, wie eine fremdenfeindliche Partei mitregiert, eine anti-europäische Partei, die die nationalsozialistische Vergangenheit relativiert.« Die »Sanktionen«, ein Begriff, der offiziell von der EU nicht verwendet wird, sind aber nicht besonders empfindlich und bleiben auch nur wenige Monate in Kraft: Die übrigen 14 EU-Mitglieder und einige andere Staaten schränkten ihre Beziehungen auf der Regierungsebene zu Österreich ein.

Sebastian Kurz interessiert sich damals noch nicht für Politik. »Ich war in dieser Phase noch nicht so, dass ich das wirklich mitbekommen habe. Als 14-Jähriger habe ich vor allem Sport gemacht oder bin mit meinen Freunden ausgegangen. Wir waren da in der Schule eine sehr verschworene Gemeinschaft, das war eine unbeschwerte Zeit.«

Wie sehr sich Europa seitdem verändert hat, zeigt die damalige Situation. Der deutsche Bundeskanzler Gerhard Schröder hatte die Initiative von Frankreichs Staatspräsident Jacque Chirac gegen die FPÖ damals mit den Worten unterstützt: »Wehret den Anfängen!« Es sollte ein Zeichen der demokratischen Wertegemeinschaft EU werden, auch mit einem Signal an die Staaten in Osteuropa, die der EU beitreten wollten. Das Signal der EU ist nicht wirklich angekommen in Ungarn oder Polen, wo rechtspopulistische Politiker Zulauf wie nie haben.

Auch Kurz' enger Draht zu Ungarns Präsident Viktor Orbán ist später immer wieder Auslöser für hitzige Debatten in Österreich und Ungarn. »Es geht mir einfach darum, ein gutes Verhältnis mit unserem Nachbarstaat zu haben«, sagt Kurz dazu, »und im Übrigen halte ich nichts davon, wenn die EU diesen Staaten gegenüber arrogant auftritt und den Menschen sagt: Ihr habt aber den Falschen gewählt. So funktioniert Demokratie nicht.«

Der Mann, der 2000 »Wehret den Anfängen« sagte, sieht das mittlerweile offenbar auch anders. Gerhard Schröder, inzwischen Aufsichtsrat von »Rosneft« und damit in Diensten des Kreml, kam nach dem Wahlsieg von Sebastian Kurz am Rande einer Veranstaltung in Wien auf ihn zu, um ihn zu beglückwünschen. Warnungen vor einer ÖVP/FPÖ-Koalition sprach er nicht aus.

Die schwarz-blaue Koalition in den 2000er Jahren stört die Harmonie in der Familie Kurz nicht, sie sind glücklich mit ihrem Leben zwischen Wien und dem Bauernhof.

Als am 1. Januar 2002 der Euro eingeführt wird, kauft sich Vater Josef Kurz sofort die Sammelmünzen, noch heute hat er sie stolz zu Hause gelagert. »Wir alle fanden es in der Familie immer richtig, dass der Euro eingeführt wird und so die europäische Gemeinschaft gestärkt wurde«, sagt Sebastian Kurz. »Ich erinnere mich noch genau, dass ich das als Jugendlicher sehr spannend fand, diese gemeinsame Währungseinführung zu erleben.«

Im Jahr 2004 beginnt das, was in der Wirtschaftskrise in diesen Jahren vielen Familien in Österreich und Deutschland passiert: Josef Kurz bangt um seinen Job.

Es beginnt damit, dass Philips die Werke im Norden Europas schließt. »Die haben damals die Leute aus Deutschland nach Wien geschickt, um hier Mitarbeiter einzulernen«, erzählt Josef Kurz. »Als die das konnten, haben sie die Deutschen nach Hause geschickt und dann deren Werk geschlossen. Wir haben damals noch gedacht: Gott sei Dank sind wir nicht betroffen.«

Aber dann beginnt die Verlagerung auch in Wien. »Sie haben dann angefangen, die Buchhaltung nach Polen zu verlegen. Und die Leute sind nach Polen gereist, um denen die Sachen beizubringen. Als sie dann wiederkamen, wurden auch sie entlassen. Und so war das überall. Bei uns im Werk hat dann ein Karikaturist ein Bild gezeichnet, das ich nie vergessen werde: Ein Fisch an einem Fließband in einer Fabrik, die Angelhaken produzieren. Das war für mich unvergesslich.«

Die Geschäftsführung versucht auch Mitarbeiter aus der Entwicklungsabteilung, in der Josef Kurz gearbeitet hat, in andere Werke zu schicken, nach China. »Wir haben dann gefragt: Sollen wir denen das nur erklären, damit wir unnötig werden? Als Antwort kam dann, dass wir immer wichtig bleiben würden, dass die Entwicklung und das Knowhow nur hier in Wien passieren können. Aber uns war klar, dass eine Entwicklung ohne Produktion dauerhaft keinen Sinn macht. Als sie mich gefragt haben, ob ich nach China gehen will, habe ich Nein gesagt, ich will mir doch nicht mein eigenes Grab schaufeln. Ein Kollege von mir ist dann gegangen, der sollte die Chinesen ausbilden. Nach einem Jahr haben die Chinesen dann zu ihm gesagt: Wir können das jetzt allein, und haben ihn entlassen. Er hat dann einen Herzinfarkt bekommen.«

Es sind diese eiskalten Geschichten der Globalisierung, die Sebastian Kurz beim Abendessen hört. Es macht ihn wütend und er spürt gleichzeitig die eigene Ohnmacht, wenn sein Vater erzählt, was heute wieder im Werk passiert ist. Und es hat Auswirkungen auf sein Verständnis von Politik und Wirtschaft. »Es war sicherlich in meinem Umfeld ein sehr einprägendes Erlebnis: Dass mein Vater in eine Situation kam, für die er nichts konnte. Seine Kollegen und er haben sich ja nichts zu Schulden kommen lassen und sie haben auch keinen schlechten Job gemacht«, sagt Sebastian Kurz.

Es ist die diffuse Angst vor der Globalisierung, die über zehn Jahre später alle Länder der westlichen Welt beherrscht. In den USA gewinnt Donald Trump die Wahlen mit einem Kampf gegen das Establishment, in Frankreich wird Marine Le Pen nach oben gespült, und in Großbritannien löst der Brexit Schockwellen aus.

Am 23. Dezember 2005, am Tag vor Weihnachten, ist schließlich alles vorbei. Josef Kurz und seine Kollegen trifft die Entscheidung trotz allem völlig unerwartet. »In den Monaten vorher haben sie mich in den Himmel gelobt«, sagt Josef Kurz. »Als es dann passierte, haben sie einen Manager aus Eindhoven geschickt. Keiner wusste, wieso der kommt. Der hat immer einen komplett leeren Tisch gehabt, nur einen Laptop, und uns wurde gesagt: Das ist der neue Entwicklungsmanager. Wir haben uns aber gewundert, weil nie etwas entwickelt wurde und es auch keine Projekte gab. Und dann ist eine Personalchefin gekommen und hat alle gekündigt. Die war vielleicht 25 und sagt so: Ja tut mir leid, ich muss ihnen die Papiere geben. Ich habe dann gefragt: Wer sind Sie denn eigentlich? Sie sagte nur, dass sie die Personalchefin sei. Und sie hatte Gefühle wie ein Stein.«

Er fährt sofort nach Hause, überlegt noch, ob er es seinem Sohn sofort sagen soll. Schließlich steht Heiligabend an. Aber er kann seine Gefühle nicht verstecken. Es wird das schlimmste Weihnachten, das die Familie je erlebt hat. Die Geschenke sind schon gekauft, aber der Vater fragt sich unterm Weihnachtsbaum, wovon er im nächsten Jahr noch Geschenke kaufen will. Alles geht ihm durch den Kopf. Dass der Bauernhof verkauft werden müsste, dass vielleicht schon bald kein Geld mehr für Benzin da ist.

»Am 6. Januar sind wir wieder nach Wien gefahren und am 7. Januar läutete der Wecker in der Früh«, sagt Josef Kurz. »Meine Frau und Sebastian machten sich für die Schule fertig. Und ich saß da und dachte: Das wird jetzt immer so bleiben. Ich bin Mitte 50, wer will mich denn noch?«

Er versucht über Kontakte an einen Job zu kommen. »Ich habe ja von Philips viele Leute gekannt, die dann auch woanders untergekommen sind. Ich habe geglaubt, dass das meine Freunde sind. Aber dann stellt sich heraus, das sind keine Freunde mehr von mir.«

Er legt einen Aktenordner an, sucht in Anzeigen in den Zeitungen. »Aber ich habe dann gemerkt: Das macht doch alles keinen Sinn. Ich dachte wirklich, dass ich ins Irrenhaus komme. Und dann ist da die Angst über die Kosten, die man hat.

Sebastian Kurz will in dieser Zeit unbedingt seinen Eltern helfen und findet auch einen Job. »Das war wirklich wahnsinnig, wir wollten das nicht«, erinnert sich Elisabeth Kurz. »Aber er wollte unbedingt das Familienbudget aufbessern. Und er ist dann nachts immer um drei Uhr früh nach Hause gejoggt, weil keine U-Bahnen fuhren. Das Taxi war so teuer, da hätte er gar nicht arbeiten gehen müssen. Ich habe dann zu ihm gesagt. Du kannst nicht heimrennen! Er sagte nur: Ich muss sowieso Sport machen, ist doch egal, wo.«

Nach einem Jahr passiert das, womit in der Familie kaum jemand gerechnet hat. Josef Kurz findet wieder einen Job, baut für eine belgische Firma den Sitz in Wien auf.

Für die Familie eine Befreiung.

»Ich glaube schon, dass das, was er da mitbekommen hat, ihn auf gewisse Weise geprägt hat«, sagt Josef Kurz. »Aber vor allem auch die Erkenntnis, dass es nie aussichtslos ist. Selbst wenn es ganz finster ist, kann man noch eine Lösung finden. Selbst eine, an die man selbst nicht geglaubt hat. Für mich war der neue Job dann sogar besser und interessanter als bei Philips. Und ich bin damit bis heute glücklich.«

Die Leistung des Vaters, sich zurück in den Job zu kämpfen, hat Sebastian Kurz beeindruckt und den Glauben daran gestärkt, dass Fleiß sich auszahlen kann.

»Es hat in mir auch ausgelöst das Bewusstsein dafür, wie notwendig es ist, dass jeder, der möchte und der kann, auch die Möglichkeit haben muss, in einer Gesellschaft sich einzubringen«, sagt Sebastian Kurz. »Im Erwerbsleben, ehrenamtlich, wo auch immer. Auch in meinem politischen Tun war mir deshalb wichtig, dass jeder bei uns mitmachen kann, der möchte. Ganz gleich, ob er jetzt viele Talente hat oder weniger. Ganz gleich, ob er im Rollstuhl sitzt oder nicht. Und ich glaube, das macht eine gute Gesellschaft, aber auch gute Institutionen oder Unternehmen und Organisationen auch aus.«

Erste politische Schritte

Der Jobverlust des Vaters und der Kampf um einen neuen Job haben Sebastian Kurz in seiner Jugend geprägt wie nichts anderes. Es ist der Moment, in dem für ihn klar ist, dass Politik etwas verändern muss. »Dieses Erlebnis hat ihn definitiv in dem Glauben gestärkt, in die Politik zu gehen«, sagt Josef Kurz.

Sein Sohn hat Politikerbiografien gelesen, bleibt an Ronald Reagan hängen, an John F. Kennedy, aber auch an dem ehemaligen österreichischen Außenminister Alois Mock und dem damaligen Kanzler Wolfgang Schüssel. »Ich fand schon beeindruckend, wie Schüssel Reformen vorangetrieben hat, das fand ich wirklich gut«, sagt Kurz.

In dem Jahr, in dem Kurz viel von Schüssel liest, regiert noch immer Schwarz-Blau, allerdings gibt es kurze Zeit später (2002) Neuwahlen, bei denen die FPÖ massiv abgestraft wird.

Es ist eine Mischung aus Neugier und der Begeisterung für große Politiker, die bei Kurz dafür sorgt, dass er über die ÖVP stolpert. »Ich war einfach neugierig darauf, was da bei der Jungen ÖVP passiert«, sagt er. »Ich habe dann damals bei der Jungen ÖVP Meidling angerufen und habe gesagt: Ich bin 16, wohne im 12. Bezirk und würde mir das gern mal anschauen, geht das? Die waren total positiv und haben gesagt, ich solle mich beim Bezirksobman melden. Das habe ich dann auch getan.«

Allerdings passiert etwas, was ihm später nachhaltig zeigen wird, warum die bestehenden Parteien in ihrer jetzigen Form nicht überlebensfähig sind: »Ich habe den damals angerufen und gemeint, dass ich mir das eben gern anschauen kommen würde. Der war dann total fassungslos und hat gesagt, ich wär der Erste, der ihn jemals angerufen hat, und dann hat er aber recht schnell gemeint: Ja, das ist irgendwie schwierig, weil ich ja noch relativ jung bin und sie sind alle deutlich älter, sie sind alle um die 30 da.

Dann habe ich gesagt: Ja, okay, aber das ist ja kein Problem, weil ich meine Freunde mitbringen kann. Dann hat er gesagt: Na ja, eigentlich treffen sie sich ja auch nie. Das Beste wäre, wenn ich mich noch einmal in ein paar Jahren melde. Und ich habe mir dann damals gedacht: Mensch, das ist ein komischer Verein.«

Zufällig lernt er ein halbes Jahr später jemanden kennen, der ihn mitnimmt zur Jungen ÖVP. Aber nicht nach Meidling, sondern zur ÖVP Innere Stadt. Weil er dort im 1. Bezirk seine ersten politischen Schritte macht, werden die Medien Kurz schon früh als »Schnösel« abstempeln.

Für die Eltern ist das Polit-Engagement ihres Sohnes gewöhnungsbedürftig. Elisabeth Kurz erinnert sich an die Akademie-Kurse, die ihr Sohn damals bei der Jungen ÖVP belegt hat. »Ich habe ihn dann gefragt, ob er jetzt ganz verrückt ist und gar nichts anderes mehr zu tun hat in der Freizeit. Und er kam dann immer wieder mit einem DIN-A4-Blatt zurück von den Parteiveranstaltungen: Bestanden mit Auszeichnung. Ich habe mir damals gedacht, dass die ÖVP schon die Partei ist, die mir am liebsten war. Und natürlich habe ich gedacht: Wenn er keinen anderen Blödsinn macht, dann soll er halt das tun. Aber ganz ernst genommen habe ich ihn damals nicht.«

Für Sebastian Kurz ist es am Anfang vor allem eine Freizeitbeschäftigung. »Für mich war es neben Schule und Ausgehen etwas, das mir sehr viel gegeben hat. Das war meine geistige Beschäftigung darüber hinaus. Und es hat mir sehr viel zurückgegeben, weil ich das Gefühl hatte, ich kann mich da ehrenamtlich einbringen und irgendwie etwas Sinnvolles machen. Mit Leuten diskutieren, von denen ich etwas lernen kann, wo ich irgendwie meine eigenen Thesen und Weltanschauungen kritisch hinterfragen und abklopfen kann.«

Er denkt noch nicht darüber nach, dass das mal sein Job werden könnte. Sein erstes Projekt beschäftigt sich mit behindertengerechtem Wohnen. Er ist viel unterwegs in der Stadt und ihm fällt auf, wie viel Probleme Menschen im Rollstuhl in der Stadt haben. Er will etwas ändern. »Ich habe nicht darüber nachgedacht, dass Politik einmal etwas Größeres werden würde, sondern ganz im Gegenteil. Ich glaube, meine Eltern wollten, dass ich alles mache, aber ganz sicher nicht Politik.«

Für Josef Kurz ist vor allem verwunderlich, dass sein Sohn nicht bei der ÖVP in Meidling ist, sondern im 1. Bezirk. »Ich habe ihn davor gewarnt, zum 1. Bezirk zu gehen. Was willst du denn als Junge aus Meidling dort?, habe ich ihn gefragt. Aber er hat es gemacht. Und von dort ging es dann von einer Stufe zur nächsten.«

Zwischen Schule und Karriere, zwischen Matura und Wehrdienst lernt Sebastian Kurz die Frau kennen, mit der er seitdem sein Leben verbringt. Zweimal waren sie kurz getrennt, sind danach aber wieder zusammengekommen. Susanne Thier arbeitet heute im Finanzministerium, sie hat in Wien Wirtschaftspädagogik studiert und ist im Ministerium in der Öffentlichkeitsarbeit tätig.

Nur selten zeigt sie sich zusammen mit Kurz, eigentlich nur dann, wenn es gar nicht anders geht. Bei seiner Wahl zum Parteichef zum Beispiel, und natürlich nach dem Wahlsieg. Mit Journalisten will sie nicht sprechen. Sie will, so gut es geht, ihr normales Leben behalten.

»Natürlich freut sie sich für Sebastian, dass er eine solche Karriere hingelegt hat«, sagt eine Freundin. »Aber zu Hause ist er nicht der kommende Kanzler, sondern immer noch der normale Sebastian.« Sie habe Kurz dort sehr unter Kontrolle. »Sie unterstützt ihn bei allem, aber sagt ihm auch klar, wenn es reicht.«

Zwischen Schule und dem Beginn der politischen Karriere liegen der Wehrdienst und der Beginn des Jura-Studiums. Kurz ist bis heute Unterstützer einer Wehrpflicht, von der Abschaffung hält er nichts.

»Ich bin ein totaler Verfechter der Wehrpflicht, weil ich damals schon der Meinung war, dass dieser Austausch untereinander, das In-Kontakt-Kommen mit Leuten, mit denen man sonst nie Kontakt hätte, wichtig ist«, sagt Kurz. »Du wächst ja auf in einem Freundeskreis, in einer Schulklasse. Und auf einmal ist da dieses bunte Durcheinanderwürfeln der Gesellschaft beim Heer, das ist auch aus Integrationssicht etwas extrem Positives. Und zum Zweiten halte ich es für sinnvoll, dass man einen Beitrag leistet an der Gesellschaft. Der wird einem vielleicht beim Zivildienst in einem noch stärkeren Ausmaß tagtäglich bewusst als Rekrut beim Bundesheer. Aber egal, ob es jetzt Zivildienst oder Grundwehrdienst ist, man leistet einen Beitrag für die Gesellschaft. Und ich halte es für gut, dass nicht nur Menschen, die sich freiwillig melden, im Ernstfall Dienst an der Waffe versehen, sondern dass das ein Querschnitt der Bevölkerung ist.«

Es ist das Jahr 2005, als er zum Bundesheer kommt. Die Kriegsschauplätze sind der Irak und Afghanistan. Gefühlt weit weg von Österreich. Der Ukraine-Konflikt, der Sebastian Kurz später als Außenminister beschäftigen wird, ist noch nicht in Sicht. Und die Generation um Sebastian Kurz ist nach dem Kalten Krieg in Europa in dem Glauben aufgewachsen, dass es Krieg in ihrem Land nie wieder geben wird.

»Wenn du das erste Mal dein Sturmgewehr ausgeteilt bekommst und es zusammenbaust, reinigst und dann die ersten Schießübungen damit durchführst, wird dir bewusst, dass das eine Vorbereitung ist auf einen Ernstfall, der doch irgendwann eintreten könnte«, sagt Kurz. »Wir sind alle sehr unbeschwert gemeinsam im Oktober eingerückt in der Maria-Theresien-Kaserne, mein ganzer Freundeskreis und ich. Aber es wird einem dann schon der Ernst der Lage bewusst.«

Sie haben Späße gemacht, seine Freunde und er, als sie am Morgen zur Kaserne kamen. Matura in der Tasche, einen Tunesien-Urlaub hinter sich. Die Freunde aus der Schule, die sich auch danach nie aus den Augen verlieren werden.

»Wir haben den Fehler gemacht und sind sogar damals extra eine Stunde früher hingegangen zur Kaserne«, erinnert sich Sebastian Kurz, »weil wir so schlau waren, uns zu denken, dass wir uns vielleicht gemeinsam ein Zimmer aussuchen dürfen, wenn wir rechtzeitig dran sind. Das Ergebnis war, als wir angekommen sind, dass man uns gesagt hat: Wartet mal noch eine Stunde. Dann wollten wir uns hinsetzen. Aber wir wurden aufgefordert, stehend nebeneinander zu warten und nicht mehr miteinander zu sprechen.«

Sebastian Kurz, der ohnehin schon während der Schulzeit und des Erwachsenwerdens extrem diszipliniert war, lernt beim Heer noch einmal besonders, dass diese klassischen Tugenden für das Weiterkommen wichtig sind. Etwas, das ihm auch später in der Politik hilft, auch wenn früh aufstehen weiterhin nicht zu seinen Stärken zählt. »Also der Wecker hat definitiv immer zu früh geklingelt beim Heer«, sagt er. »Und ich habe mir ein bisschen mehr sportliche Herausforderung damals erwartet. Meine Grundausbildung habe ich bei der Garde gemacht, da wird sehr viel exerziert, also man lernt sehr lange sehr konzentriert zu stehen, das war auch eine Erfahrung, aber anders als erwartet.«

Als er seinen Wehrdienst ableistet, kann er nicht ahnen, dass er später einmal für diejenigen verantwortlich ist, die er in der Kaserne kennenlernt.

Die wichtigste Erfahrung, die Kurz aus dieser Zeit mitnimmt, sind die Gespräche mit den Menschen aus allen Gesellschaftsbereichen. Es ist auch die Zeit, in der er erstmals eng mit rechtspopulistischen Wählern konfrontiert ist. Einer der anderen Wehrpflichtigen, der damals in seiner Kaserne Dienst tut, ist der Bruder von Johann Gudenus (heute FPÖ-Klubobmann im Parlament). Kurz versucht sich damals von ihm fern zu halten. Ohnehin hat er niemanden um sich damals, der die FPÖ gut findet.

»Es war ein Querschnitt der Gesellschaft beim Heer, und das war das Gute«, sagt Sebastian Kurz. »Und natürlich gab es vor allem Unterschiede bei der Motivation: Es gab Leute, die mit so viel Begeisterung dabei waren, dass sie am ersten Tag schon wussten, dass sie das ihr Leben lang machen wollen, bis hin zu Menschen, die tagtäglich so drunter gelitten haben, dort sein zu müssen, dass wir in Sorge waren, wie die acht Monate durchstehen werden.«

»Ich habe einfach mit diesen extremen Haltungen nie was anfangen können«

Noch während der Zeit beim Heer beginnt Kurz mit dem Jurastudium. Er hatte zuvor überlegt, Geisteswissenschaften zu studieren, verwirft die Idee aber wieder.

»Mein Vater hätte sicher gern gehabt, dass ich etwas Technisches studiere«, sagt Kurz, »aber ich wollte etwas machen, mit dem ich anschließend alles machen kann.«

»Ich habe damals über verschiedene Studienrichtungen nachgedacht«, so Kurz weiter, »die haben mich alle interessiert. Ich habe dann überlegt zwischen Geschichte, internationaler Entwicklung, einem Wirtschaftsstudium oder Jura.«

Matura mit Bestnoten, österreichisches Bundesheer, ganz früh bei der jungen ÖVP – Sebastian Kurz ist für die Konservativen schnell der Vorzeigejunge. Und einigen bei der Jungen ÖVP ist er schnell unheimlich. »Wir haben damals schon ein bisschen über ihn gelästert, dass er jedem Klischee entspricht«, erzählt ein früherer Parteifreund. »Wenn man sich heute seinen

Weg anschaut, dann sieht es so aus, als habe er die Karriere im Detail geplant und wusste immer, was er will. Mir kam es so vor, dass es ihm vor allem darum ging, wie er am schnellsten weiterkommt.«

Sebastian Kurz bestreitet, dass er diese Karriereabsichten schon damals hatte. »Ich glaube, das sind einfach Vorurteile, die man mir gern anhängen will. Einige haben in der Presse später ja sogar behauptet, dass ich aus reichem Elternhaus käme, nur um mich zu beschädigen.«

Er ärgert sich darüber, weil er stolz auf seine Herkunft ist, aber ihm nichts geschenkt wurde, er sich seinen politischen Aufstieg selbst erarbeitet hat, ohne Kontakte, die schon aus dem Elternhause kamen.

Freunde von Kurz berichten von einem entspannten Leben während des Studiums. »Am liebsten erinnere ich mich an unsere Urlaube, zum Beispiel nach Japan«, sagt sein bester Freund Florian. »Wir sind dann wochenlang mit dem Rucksack durchs Land gezogen, haben in einem Tempel übernachtet und alles ausprobiert. Das ist es, was Sebastian immer wollte: Er war neugierig und hat die Sachen dann einfach gemacht.«

Auch im Hörsaal in der Universität in Wien gefällt es Kurz. »Ich bin ein irgendwie sehr begeisterungsfähiger Mensch, also mir macht schnell einmal etwas Freude und ich habe eigentlich bis jetzt keinen Lebensabschnitt, den ich irgendwie nicht mochte. Es war ein ganz anderes Umfeld am Juridicum im 1. Bezirk als da in meiner Schule im 12. Bezirk in Meidling, es war ganz ein anderes Niveau natürlich auch. Ich glaube, ich habe an meiner Schule ein gutes Rüstzeug mitbekommen, aber es war keine Eliteschule oder auch wahrscheinlich nicht eine überdurchschnittlich schwierige Schule. Und ich habe es dann an der Universität interessant gefunden.«

Für Diskussionen sorgt der junge Student schon früh. An der Universität bei den Diskussionen besonders dann, wenn er sich für Studiengebühren ausspricht.

»Wenn du in Österreich ein Handwerk lernst und du bist Tischler und willst die Meisterprüfung machen, kostet dich das Tausende Euro«, sagt Kurz. »Wenn du eine Hochschulausbildung machen möchtest und Akademiker werden möchtest, bezahlst du nichts dafür und die Kosten für die Universitäten werden durch Steuern bezahlt von Menschen, die als Tischler oder als Kellner arbeiten gehen und die finanzieren. Ich finde das sozial einfach nicht gerecht. Ich finde, dass jeder die Möglichkeit haben muss, studieren zu können. Ich finde auch, dass es wichtig ist, ein gutes Stipendiensystem zu haben, dass es jedem unabhängig von der Herkunft möglich ist zu studieren. Aber wenn man sozusagen auf Kosten anderer eine sehr gute Ausbildung machen kann, da einen gewissen Beitrag zu leisten, sei es während des Studiums oder danach im Sinne eines Kredits, den man aufnimmt und den man dann dem Staat Schritt für Schritt zurückzahlt, das würde ich einfach für total sozial gerecht erachten. Und das habe ich immer schon so gesehen. Ich war ein Student, der immer nebenbei gearbeitet und sich einen Großteil seines Lebens selbst finanziert hat.«

Er selbst finanziert sich durch Tennisstunden, die er gibt und seine Arbeit als Kellner. Es gibt kaum eine Zeit, in der Kurz nicht beschäftigt ist.

»Meine Eltern haben mich immer unterstützt, aber ich habe auch immer gearbeitet vom 18. Lebensjahr an, und ich habe immer einen Großteil meines Lebens mir selbst finanziert. Ich glaube, meine Eltern hätten mich auch noch stärker unterstützt, wenn es notwendig gewesen wäre, aber ich habe es irgendwie als richtig empfunden, auch arbeiten zu gehen. Ich habe studiert und hatte noch genug Zeit, um für meinen Lebensunterhalt zu sorgen.«

Den Alltag erlebt er in der Universität und in den Diskussionen, die er führt, bereits damals als sehr aufgeladen. »Es gab auf der Uni natürlich starke Anfeindungen gegen die Rechte. Ich habe mit den Rechten damals nie Kontakt gehabt, habe auch niemanden in meinem Freundeskreis, der da irgendwie Kontakt gehabt hätte. Es war immer eine Gruppe, die weit weg war von mir und meinem ganzen privaten politischen Umfeld. Ich habe trotzdem es niemals gut gefunden, wenn insbesondere diejenigen, die immer von Toleranz gesprochen haben, denen dann besonders feindselig begegnet sind.«

Die Szenen an der Universität erschrecken ihn.

»Es ging dann mit Beschimpfungen los bis hin zum Verweigern des Handschlags bei der Begrüßung, damit habe ich nie was anfangen können. Wenn ich das miterlebt habe, dass bei diversen politischen Diskussionen da von linker Seite einfach nicht einmal die Bereitschaft war, einem Politiker mit einem anderen Gedankengut die Hand zu geben, obwohl das gleichzeitig diejenigen waren, die in jeder zweiten Wortmeldung über Toleranz gesprochen haben, das war was, mit dem habe ich schon damals überhaupt nichts anfangen können«, erzählt Kurz.

Es ist das, was er auch später bei der Diskussion um die FPÖ sagen wird. Dass das Wahlergebnis akzeptiert werden müsse, dass ein Teil der Gesellschaft diese Partei nun einmal gewählt habe.

»Ich war immer geprägt davon, eine sehr klare eigene Meinung zu haben, ja, auch damals schon, zu wahrscheinlich fast allen Fragen, zu denen man mich gefragt hat oder auch nicht gefragt hat. Aber ich habe immer nicht nur ein Verständnis dafür gehabt, sondern es als totale Normalität gesehen, dass andere Leute andere Meinungen haben. Ich habe mich eigentlich auch immer mit Menschen umgeben, die so getickt haben, und habe immer wenig Verständnis gehabt für Fundamentalisten, egal auf welcher Seite.

Gebe ich als Nächstes wem nicht die Hand, weil er eine andere Religion hat oder weil er homosexuell ist? Oder wie weit will man denn gehen in einer Gesellschaft? Also, das ist einfach eine Geisteshaltung, mit der kann ich nichts anfangen, egal ob sie von links oder von rechts kommt. Ich habe einfach mit diesen extremen Haltungen nie was anfangen können.«

Das ist eine Erfahrung, die ihn für den Beginn des politischen Lebens entscheidend prägt. Er wird in einer Zeit Politiker, in der es durch Facebook und Twitter so viel Hass gibt wie nie.

Kapitel 2

Der politische Aufstieg

Radau bringt Erfolg

Es ist eine umstrittene Kampagne, die den jungen Sebastian Kurz ins Rampenlicht bringt. Eine Kampagne, die ihm für das spätere politische Leben zeigen wird, dass er vor allem dann gehört wird, wenn er besonders laut ist.

Es ist das Jahr 2009, Sebastian Kurz ist bereits Bundesobmann der Jungen ÖVP. Er hat sich in den vergangenen Jahren immer weiter hochgearbeitet, vom einfachen Mitglied der Jugendorganisation bis ganz nach oben, sein Netzwerk hat ihm geholfen. Markus Figl, der Großneffe des Staatsvertragskanzlers Leopold Figl, ist in den ersten Jahren sein engster Ansprechpartner. Und zusammen mit ihm macht er einen wichtigen Kontakt nach dem anderen.

Um Aufmerksamkeit zu bekommen für die Forderung nach einer U-Bahn, die an den Wochenenden 24 Stunden fährt, lässt Kurz 2009 nackte Haut sprechen. Die Junge ÖVP wirbt mit zwei Pappmodellen. Darauf zu sehen: zwei leicht bekleidete Models, die das Schild »24 h Verkehr am Wochenende« zeigen.

Die Empörung kommt sofort. Die Frauenstadträtin der SPÖ wirft ihm vor, eine »sexistische und geschmacklose Kampagne« losgetreten zu haben. »Was hier zum Ausdruck kommt, ist frauenfeindlich und hat auf politischen Plakaten des 21. Jahrhunderts nichts verloren«, sagt SPÖ-Stadträtin Frauenberger. »Die besonders plumpe Kampagne zielt nur darauf ab, billige Effekthascherei zu betreiben, und ist klar sexistisch.«

Sebastian Kurz hatte genau darauf gewartet: Dass die anderen Parteien auf die Kampagne anspringen, er so ganz automatisch mit seiner Forderung weiter in den Zeitungen vorkommt.

Es ist das erste Mal, dass sich zeigt, welches Geschick zur Polarisierung und Zuspitzung Kurz mitbringt. Und welche Zielfläche er damit gleichzeitig für Kritiker wird. Er weiß, was funktioniert und er lernt früh, welche Bilder dafür produziert werden müssen. Sebastian Kurz denkt schon damals immer in Geschichten. Es bringt ihm schnell die Kritik ein, mehr an seiner Wirkung als an den tatsächlichen Problemen interessiert zu sein.

»Den Sexismusvorwurf kann ich nicht nachvollziehen«, sagt er damals der »Presse«, »wir haben schließlich eine männliche und eine weibliche Pappfigur. Dass der Mann ein Oberteil anhat, ist auf das Fotoshooting zurückzuführen.« Man habe das muskulöse Model in der Oben-Ohne-Variante mit Öl eingerieben, der Effekt auf dem Foto sei dann zu extrem gewesen. »Das wurde uns zu arg«.

Das Thema ist in der Öffentlichkeit, er hat sein Ziel erreicht. Und tatsächlich wird die Forderung nach kurzer Zeit auch von der Wiener SPÖ übernommen und umgesetzt. »Die Kampagne war ein unglaublicher Erfolg«, sagt Kurz. »In Wien war das immer ein großes Thema vor allem für junge Leute, die sich kein Taxi leisten konnten, am Abend heimzukommen, weil wir zwar ein tolles U-Bahn-Netz in Wien haben, aber ab Mitternacht war es vorbei mit den U-Bahnen. Das Einzige, was es dann noch gab, war ein kompliziertes Nachtbussystem.«

Kurz geht selbst gern feiern in den Bars und Diskotheken Wiens. Und er erinnert sich noch genau daran, dass er als Kellner nachts nach Hause zurückjoggen musste, weil das Taxi zu teuer gewesen wäre.

»Wir haben dieses Thema U-Bahn einfach kritisch gesehen und das in einer Kampagne ohne Geld hochgezogen«, sagt Kurz. »Wir waren dann so erfolgreich, dass innerhalb von einem Jahr die Nacht-U-Bahn in Wien Realität wurde. Das waren die ersten Momente, wo ich erlebt habe: Wenn man sich politisch für etwas einsetzt, dann kann die Umsetzung auch gelingen.«

Die Parteigenossen von Kurz sehen die Kampagne als entscheidenden Schritt dafür, dass er es in der Partei so schnell weit bringen kann. Diejenigen, die über die Plakate gelacht haben, sind erstaunt darüber, dass Kurz damit wirklich eine politische Forderung umsetzt.

Auch die Eltern erkennen langsam, dass ihr Sohn es ernst meint mit der Politik. Schon früh kümmert er sich vor allem um seine Netzwerke in der Partei, um Schritt für Schritt voranzukommen.

»Er hat schon früh alles da rein investiert«, sagt Josef Kurz. »Ich erinnere mich noch, wie er für die Wahl zum Junge-ÖVP-Chef einige andere überzeugen musste. Er ist dann fünf Mal nach Linz gereist mit dem Zug, um mit einem Parteikollegen zu reden. Er ist so lange immer wieder dahin gefahren, bis er ihn überzeugt hatte.«

Das Jura-Studium lässt er vor lauter Politik dagegen schleifen, es ist nicht mehr genügend Zeit.

Sebastian Kurz lernt schon damals, wie wichtig Hartnäckigkeit in der Politik ist. Und wie wichtig die richtigen Deals sind. Kurz, der sich später von den eingefahrenen Parteistrukturen der ÖVP distanzieren wird und seine eigene Bewegung gründet, kennt diese Strukturen damals wie kaum ein anderer. Und nutzt sie für sich. Er macht es auf eine leise Art, will keine direkte Konfrontation mit Parteifreunden. Er weiß, wie er sie einfangen kann. Für Mutter Elisabeth Kurz ist es vor allem sein Gespür für Menschen, das ihm in der Politik hilft.

»Als er älter wurde, hat er dieses Talent entwickelt, dass er die Probleme von Menschen sehr schnell erkannt hat und immer auch eine Idee hatte«, sagt sie.

»Auch wenn ich ihm heute von meiner Arbeit als Lehrerin aus der Schule erzähle, dann brauche ich nur ein paar Sätze sagen und er versteht es total. Egal, wie fremd das eigentlich für ihn ist. Das ist, glaube ich, das große Talent, das ihn so weit gebracht hat. Er saugt auf, was Menschen ihm erzählen, und hat dieses ehrliche Interesse.«

Frühe Kontakte nach Deutschland

Früh knüpft Sebastian Kurz Kontakte nach Deutschland. Mit dem damaligen Chef der Jungen Union, Philipp Mißfelder, versteht er sich besonders gut. Bei einem gemeinsamen Besuch in Berlin machen sie 2010 ein Selfie vor dem Kanzleramt. Es erinnert ein bisschen an die Geschichte von Gerhard Schröder als Juso-Vorsitzender, der einst am Bonner Kanzleramt rüttelte und rief: »Ich will hier rein!«

Mißfelder weiß, dass er zumindest unter Kanzlerin Angela Merkel nicht reinkommen wird in den innersten Kreis der Macht. Er erzählt Sebastian Kurz immer wieder von seiner Abneigung gegenüber Merkels Politik. Berichtet vom Leipziger Parteitag 2003 und den vielen Reformvorhaben, die Merkel damals gehabt habe, und dass davon nichts übrig geblieben sei. Kurz hört aufmerksam zu, aber er ist zu dieser Zeit noch ein großer Bewunderer der Kanzlerin.

Beide diskutieren viel über die Rolle der konservativen Parteien in Europa und was junge Menschen heute überhaupt noch mit Parteien anfangen können.«Sebastian Kurz hatte schon damals im Blick, dass die Parteien allein nicht mehr ziehen«, sagt jemand, der bei den Gesprächen dabei war. »Er hat zum Beispiel viel über das Phänomen der Piratenpartei auf der linken Seite gesprochen. Und so wie wir alle die Gefahr gesehen, dass es ein ähnliches Phänomen auch auf der rechten Seite, auch in Deutschland geben könnte.«

Neben Mißfelder lernt Kurz auch den damaligen CSU-Wirtschaftsminister Karl-Theodor zu Guttenberg kennen. Der ist zu diesem Zeitpunkt der Star der deutschen Politik und viele sehen ihn auf dem Weg ins Kanzleramt. Guttenberg findet Kurz schon nach dem ersten Treffen sympathisch: »Ich war fasziniert, dass jemand in so einem Alter solch ein Talent mitbringt«, sagt Guttenberg. Zum einen, das Risiko einzugehen, so schnell Themen nach vorn zu bringen. Und zum anderen sein Talent, auch die Dinge in der Partei anzupacken.«

Guttenberg und Kurz ähneln sich auf eine gewisse Weise, auch wenn ihre Herkunft sehr unterschiedlich ist. Aber beide werden am Anfang ihrer Karriere als Heilsbringer dargestellt, die nicht nach den herkömmlichen Polit-Gesetzen funktionieren. In den Medien wird bei beiden viel über ihr äußeres Erscheinungsbild berichtet und die Frage gestellt, wie echt ihre inhaltlichen Überzeugungen sind.

»Er war und ist ein Politiker, der mit seiner neuen Art und seinem Charisma ganz andere Wählergruppen ansprechen kann«, sagt Guttenberg. »Er ist eine Marke geworden durch das, was er angepackt hat, aber auch, wie er es rüberbringt.«

Auch Kurz mag Guttenberg. Als der ehemalige Verteidigungsminister politisch abstürzt, hält er den Kontakt. Bei Besuchen in New York oder Veranstaltungen in Deutschland treffen sie sich. »Wir haben in den vergangenen Jahren viel darüber gesprochen, wie schnell es gehen kann. Und ich habe versucht, Sebastian Kurz von meinen Fehlern zu berichten«, sagt Guttenberg.

Auch die damalige Arbeitsministerin Ursula von der Leyen lernt Kurz früh kennen, sie tritt danach häufiger in Österreich auf. »Sie ist sehr gut angekommen als moderne Politikerin«, erinnert sich Kurz. Der Kontakt zu ihr wird sich später noch auszahlen, als es für Kurz um alles geht. Bei der Schließung der Balkan-Route 2016 wird es auch Ursula von der Leyen sein, mit der Kurz Kontakt hält.

»Ich will erreichbar bleiben für die Leute«

Kontakte knüpfen, Kontakte halten, Kontakte nutzen – auch das gehört früh zu seiner Strategie. Während viele Politiker im Laufe ihrer Karriere die Handynummer wechseln, wenn es in der Karriereleiter weiter nach oben geht, hat Sebastian Kurz bis heute die gleiche Nummer behalten. Manchmal bekommt er pro Tag Hunderte SMS, nach dem Wahlsieg waren es sogar mehrere Tausend. Eine neue Nummer, so wie sein Büro es ihm nahegelegt hat, will er nicht. »Ich will erreichbar bleiben für die Leute«, sagt er.

Anfangs wird er in den Bars und Diskotheken häufig angesprochen. Nicht selten gibt er seine Handynummer raus, wenn es ein Problem gibt, um das er sich kümmern will. Manche schreiben ihm auch heute noch. Nahbar sein, das gehört zu seinem Selbstverständnis. Sicherheitsbeamte, die ihm auf Schritt und Tritt folgen, lehnt er deshalb ab. Selbst in den Wochen nach der Wahl, während der Koalitionsverhandlungen, läuft Kurz ganz ohne Bodyguards durch die Stadt. »Ich kann mich ja nicht normal bewegen, wenn immer jemand neben mir läuft«, sagt er.

Es ist diese Offenheit, die auch den Mann fasziniert, ohne den Sebastian Kurz heute nicht Kanzler wäre, und ohne den er wohl auch nie so schnell Minister geworden wäre: Michael

Spindelegger, später Außenminister und dann ÖVP-Chef, lernt Kurz im österreichischen Parlament kennen. Der Zweite Nationalratspräsident braucht jemanden, der ihm bei den Besuchergruppen hilft. »Ich habe sofort gemerkt, dass er ein Magnet für junge Leute ist«, sagt Spindelegger. »Er hatte diese Gabe, auch mit 21 Jahren damals, mit Leuten richtig umzugehen, auf sie einzugehen, aber sie auch ein bisschen zu fesseln und zu binden. Ich habe das in den Diskussionen gemerkt: Wenn er sie vorher betreut hatte, war es eine ganz andere Stimmung bei den jungen Leuten.«

Spindelegger verfolgt aufmerksam, was Kurz als Chef der Jungen ÖVP anstößt. Er sieht sein Talent in der politischen Kampagne.

»Mit ihm war die Junge ÖVP wirklich sehr programmatisch unterwegs damals«, sagt Spindelegger. »Er hat die politische Ader wieder geweckt und sich genau angeschaut, was denn die jungen Leute wollen, wie zum Beispiel die 24-Stunden-U-Bahn. Es war ja wirklich nicht einzusehen, dass sie alle ein Taxi nehmen sollten. Das war teuer, warum soll man die U-Bahn nicht offen lassen?«

Ein Karrierist?

Aber Sebastian Kurz übertreibt. Weil die Kampagne mit den halbnackten Models so gut funktioniert hat, will er etwas Ähnliches auch bei der Wien-Wahl 2010 schaffen.

Kurz fährt mit einem schwarzen »Geilomobil« durch die Stadt. Es entstehen Fotos, wie er auf dem Jeep posiert. Auf anderen Fotos sieht man Kurz mit »Pimpmycity«-Buchstaben mitten in Wien.

Es sind Szenen, die an den früheren FDP-Chef Guido Westerwelle erinnern, der mit einem »Guidomobil« einst durch

Deutschland gefahren ist und im »Big Brother«-Haus Schuhe mit »Projekt 18« auf der Sohle trug.

Ohnehin sind sich beide inhaltlich ähnlicher, als es auf den ersten Blick scheint. Kurz spricht zwar immer wieder von seiner »christlich-sozialen« Erziehung, aber mit dem Begriff »konservativ« kann er wenig anfangen. Was er wirtschaftspolitisch bereits in jungen Jahren fordert, klingt vor allem liberal. »Den Wunsch, einen schlanken Staat zu schaffen und notwendige Reformen durchzuführen, habe ich immer positiv gesehen«, sagt Kurz.

Aber seine »Geilomobil«-Kampagne wird wenig mit echten Reformvorschlägen in Verbindung gebracht. Sie kostet die Junge ÖVP mehrere Tausend Euro im Monat. Und im Wahlkampf wird einfach alles auf »geil« getrimmt. Neben dem Verteilen von schwarz-»geilen« Kondomen gibt es auch Pressemitteilungen mit den Titeln: »Geile Idee – Lebensverdienstkurve endlich abflachen«.

Es ist die Zeit, in der Kurz' Karriere am Scheideweg steht. Parteifreunde glauben bereits, dass es vorbei sein könnte. »Er hat sich mit den Fotos so sehr in den Vordergrund gespielt, dass es viele Neider gab«, erzählt einer, der dabei war. »Und einige haben auch zu Recht gefragt: Was sind denn eigentlich die Inhalte, die er durchsetzen will? Geht es nur ums Geilsein und Karriere machen? Und man hatte schon das Gefühl, dass das bei Sebastian Kurz vor allem im Vordergrund stand, es ging ihm immer vor allem darum, selbst weiterzukommen, und zwar so schnell wie möglich.«

Auch öffentlich wird damals über Kurz' Stil diskutiert. Die Bezirksvorsteherin der Inneren Stadt, Ursula Stenzel, damals noch in der ÖVP, greift den Jungpolitiker an. »Es kann ja nicht sein, dass die Parteizukunft aus Menschen mit junger Fassade besteht, die in alten, eingefahrenen Funktionärsschienen denken und Karriere machen wollen«, sagt sie dem »Standard«.

Kurz kontert sofort. Er weiß, dass er jetzt aufpassen muss, sonst kann es schnell vorbei sein.

Würde sich die 65-jährige Langzeit-Politikerin wirklich Sorgen um den Parteinachwuchs machen, sagt Kurz, dann würde sie nicht »junge Leute schlechtreden, sie im Bezirk auf hintere Listenplätze verbannen oder sogar abschießen«.

Kurz wird zu dieser Zeit nicht nur von der eigenen Partei angegriffen, sondern auch von dem Mann, der sieben Jahre später im Wahlkampf sein Konkurrent wird – und dann sein Koalitionspartner. »Die Person Kurz ist inhaltlich dahingehend zu beurteilen, dass die Person Kurz einen sehr, sehr peinlichen Wahlkampf für die Wiener ÖVP zu verantworten hat«, sagt FPÖ-Chef Strache 2010.

Kurz und Strache trennen politisch da noch Welten, zumindest scheint es so. Zwar steigt Kurz auch damals schon in die Integrationsdebatte ein, fordert, dass in Moscheen mehr Deutsch gepredigt werden muss, fordert Leistungen von Migranten. Aber sein Ton unterscheidet sich noch eindeutig von dem der FPÖ.

»Es gab sowohl von rechter als auch von linker Seite einen total falschen Blick auf das Thema«, sagt Kurz. »Von rechter Seite kamen Plakate wie ›Daham statt Islam‹ oder ›Heimatliebe statt Marokkanerdiebe‹, auf der linken Seite wurde das Problem dagegen beschönigt. Und ich wurde bereits damals massiv dafür angegriffen, dass ich es nur anspreche.«

Sebastian Kurz macht einfach weiter. Kritik lässt er an sich abprallen. Nur wenn seine engsten Berater und Freunde von damals, die auch heute noch seine engsten Berater und Freunde sind, ihn kritisieren, dann nimmt er das wirklich ernst.

Philipp Maderthaner entwarf nicht nur die »Geil«-Kampagne, sondern hilft auch später mit, Kurz bis ganz nach oben zu bringen. Er ist der Kanzlermacher im Hintergrund, der mit der eigenen Werbeagentur die Kampagnen entwirft.

»Seine wichtigste Eigenschaft hat er immer behalten«, sagt Maderthaner: »Er ist wie ein Schwamm!«

Als Kurz in den Anfangsjahren zusammen mit Maderthaner bei der Jungen ÖVP ist, interessiert ihn jedes Detail. »Er hat mich damals Dinge gefragt, wo ich dachte: Worauf schaut der denn bitte?«

»Das ist bis heute so geblieben«, sagt Maderthaner. »Heute interessiert er sich eben für andere Dinge, aber er hinterfragt noch immer alles, beleuchtet von tausend Seiten und nimmt das eigentlich so als Entscheidungsaufbereitung.«

24-Stunden-Politik

Die Wien-Wahl, die Kurz mit dem »Geilomobil« gewinnen will, verliert die ÖVP kläglich und landet nur bei knapp 14 Prozent, die FPÖ dagegen bei fast 26 Prozent. Sebastian Kurz aber ändert nicht seinen Stil. Er schaut weiter vor allem darauf, welche Nischenthemen er möglichst publikumswirksam nutzen kann. Während seiner Zeit im Wiener Rathaus legt er sich dazu mit der SPÖ-Bürgermeister-Legende Michael Häupl an. Die einzige Leistung von Kurz, so sagt Häupl später im »ORF«, sei die Frage an ihn gewesen, warum nur Alte und nicht auch Junge Orden bekommen haben. »Ich habe ihm gesagt: Junge, sei man et bös, aber wia i 24 war, hab i andere Sorgen wia an Orden g'hobt«

Eitel und gnadenlos karrieristisch – so porträtiert ihn die politische Konkurrenz. Seine Parteigenossen jubeln dagegen über Kurz' Auftritt im Rathaus. Häupl gilt als Urgestein. Von ihm überhaupt eine Reaktion zu bekommen, gilt aus ihrer Sicht als ein Erfolg.

Die Eltern von Kurz leiden mit ihrem Sohn, wenn die Presse schlecht ist. Aber sie sehen auch seine zunehmende Begeisterung für Politik. Es ist eine Sucht, die bei Kurz entsteht und die bis heute geblieben ist. Er macht und lebt Politik 24 Stunden am Tag. Es macht ihm diebische Freude.

»Ich habe ganz früh mit ihm darüber mal gesprochen«, sagt Josef Kurz. »Er hat mich gefragt, wie lange ich arbeiten will. Und ich habe ihm gesagt, dass ich auch weitermachen wollen würde, wenn sie mir kein Geld mehr zahlen. Er hat gesagt, dass das Gleiche für ihn auch gilt.«

Kurz habe sich eigentlich nie wirklich verändert, sagt Maderthaner. »Er ist von Anfang an ein Typ gewesen, der für die meisten sehr sympathisch rüberkam und der sich nicht selbst immer als den schlausten im Raum gesehen hat. Wenn er glaubt, dass jemand anderes die Antwort besser weiß oder mehr zu erzählen hat, dann lässt er denjenigen auch sprechen. Er brauchte sich nicht in den Mittelpunkt drängen, denn er war immer automatisch schon im Mittelpunkt, egal ob er jetzt gesprochen hat oder nicht.«

So schafft es Kurz auch, schon früh ein junges Team um sich zu versammeln, das bei ihm bleibt. Keine Selbstverständlichkeit für Politiker, einige verschleißen ihre Mitarbeiter im jährlichen Rhythmus. Für Kurz arbeiten bis heute viele, die bereits ganz früh dabei waren.

Kristina Rausch ist eine von ihnen, die schon mit 18 Jahren ins Team Kurz stößt. Auch sie hat Vorurteile, als sie Kurz bei einem Treffen der Jungen ÖVP das erste Mal sieht. »Meine Schwester hat mir ihn gezeigt und ich dachte, dass er ein totaler Schnösel sei, weil er von außen eben so gewirkt hat. Aber als ich mit ihm geplaudert habe, war das plötzlich ganz anders und ich habe ihm nebenbei von meiner anstehenden Führerscheinprüfung erzählt.«

Als sie ihn Monate später bei einem Auftritt wiedersieht, ist sie überrascht. »Er hat mich gefragt, wie ich seine Rede fand. Ich habe gesagt, dass ein bisschen Dialekt nicht schaden würde, um authentischer zu wirken.

Ich habe ihm da relativ ehrliches Feedback gegeben und dann hat er mich gleich gefragt: ›Ja und wie geht es dir mit dem Führerschein?‹ Und ich dachte mir: ›Wow, welcher Mensch merkt sich so etwas über drei Monate hinweg, wenn er 700, 800 andere Leute trifft?‹ Und eigentlich haben wir dann gleich total engen Kontakt gehalten, und dann hat er mir irgendwann einen Job angeboten.«

Rausch übernimmt das Social-Media-Team. Sie ist für die Wirkung seiner Bilder zuständig. Sebastian Kurz entdeckt Facebook, Twitter und Instagram sehr früh für sich. Vor allem die Facebook-Nachrichten sind ihm wichtig. Jeden Tag beantwortet eine Mitarbeiterin Hunderte Anfragen, die über den Kanal reinkommen. Kurz will, dass möglichst keine unbeantwortet bleibt.

Ein besonderes Angebot

Die Stimmenverluste bei der Wien-Wahl 2010 sorgen dafür, dass die ÖVP nach Verantwortlichen sucht. Kurz überrascht das damals nicht. »Nachdem die Wahl dann dramatisch schlecht ausgegangen ist, haben natürlich viele Altvordere in der Partei auch nach Schuldigen gesucht und schuld will man natürlich niemals selbst sein als Wahlkampfleiter oder Spitzenkandidat. Und darum war dann für manche der Schuldige schnell gefunden, nämlich der Chef der Jugendorganisation, mit der nicht sehr populären ›Schwarz-macht-geil‹-Kampagne. Das war ein schwieriges aber interessantes Gefühl, weil ich da ja in der Presse auch massiv angegriffen wurde.«

Bevor das Wahlergebnis kam, hatte Kurz die Kritik der älteren Parteifreunde noch abgetan, sich sogar darüber lustig gemacht.

Aber dann wird es ernst.

»Ich wollte ja nicht eine erfolglose Kampagne. Aber die Geil-Kampagne war nun mal nicht besonders erfolgreich. Was mich immer beruhigt hat, war, dass ich ja damals keine Funktion angestrebt habe.«

Einer, der damals bei der Jungen ÖVP dabei war, widerspricht Kurz darin, dass er keine Position angestrebt habe. »Wir wussten alle, dass Kurz unbedingt weiterkommen will. Und als das Wahlergebnis dann so schlecht ausfiel, brach bei ihm und seinen Leuten schon etwas Panik aus.«

Kurz sieht dieses Kapitel seines Politikerlebens als prägend für die kommenden Jahre. Er versteht, wie nah Erfolg (24-Stunden-U-Bahn) und Misserfolg (Geil-Kampagne) beieinander liegen können. Und er erkennt, wie schnell die Partei jemanden fallen lässt, wenn es nicht läuft.

Aber Kurz kämpft. Und jetzt zahlt sich aus, wie viele Kontakte er hat, wie viele Truppen für ihn aus der Jungen ÖVP bereit stehen. »Es war durchaus ein interessantes Erleben, wie viele schnell bei einem Misserfolg in der Partei die Chance nutzen, um über einen herzufallen«, sagt Kurz. »Und das war für mich damals schon interessant und auch eine gute Sache, weil ich es ja in einer starken Unbeschwertheit erleben durfte. Und es damit zumindest für mich damals noch nicht um so viel ging.«

Wie schnell die Macht weg sein kann, das erlebt Sebastian Kurz in den kommenden Jahren an den wechselnden ÖVP-Chefs. Es ist für ihn auch eine Mahnung, nicht zu schnell auf zu viele Ämter zu schielen. Lieber aus dem Hintergrund zu schauen, was in der Partei passiert. Deshalb ist er umso erstaunter, als im März 2011, nicht einmal ein Jahr nach der missratenen Wahl, ein Angebot kommt, das für den entscheidenden Sprung sorgt.

Ende April 2011 erreicht ihn am späten Abend ein Anruf des neuen ÖVP-Vorsitzenden Michael Spindelegger. Er soll sofort ins Büro des damaligen Außenministers kommen. Dass dieses

Gespräch der Beginn seiner ganz großen Karriere sein wird, kann Kurz damals nicht ahnen.

Spindelegger ist nach einer Regierungsumbildung gerade auch noch Vizekanzler geworden. Und baut jetzt die Regierung um, will die ÖVP neu positionieren. Moderner, offener für neue Themen. Er erfindet das Integrationsministerium. »Ich habe mir die Zahlen vergegenwärtigt, wie viele Leute auch nach den Balkankriegen nach Österreich gekommen sind«, sagt Spindelegger. »Man konnte sagen: Ein Achtel der Bevölkerung ist nicht in Österreich geboren, deshalb brauchen wir da Maßnahmen. Damit habe ich auch die Sozialdemokraten überrascht, weil sie das ja immer als ihr Thema angesehen haben.«

Spindelegger denkt noch einen Schritt weiter. Er will jemanden, der nicht zum klassischen Personal gehört, jemand frisches. Und da kommt Kurz ins Spiel.

»Ich war total überrascht«, sagt Kurz. »Ich habe ihn sofort gefragt: Wie willst du das denn der Presse erklären? Die werden doch über mich herfallen!«

Kurz ist kaum ansprechbar, bleich, so überrascht ist er über das Angebot. Er läuft im Büro des Außenministers hin und her, telefoniert mit allen engen Freunden, die er erreichen kann.

Sein Freund und Berater Maderthaner rät ihm ab.

Dann ruft Kurz seine Eltern an, die Mutter ist am Telefon. »Ich habe ihm gesagt: Nein, das machst du nicht, du machst dein Studium fertig«, so Elisabeth Kurz. »Aber ich habe dann schon gemerkt, dass er es unbedingt machen will.«

Der Vater rät ihm dann auch dazu, den Job zu übernehmen. »Er hat sich entscheiden müssen: (…) Ich habe die Einstellung: Ich bin immer für das, was geht. Weil ich mir sage, ein Mensch soll seine Ziele verfolgen. Egal, wo es hingeht.«

Kurz nimmt nach langem Zögern an. Auch seine eigene Biografie spielt dabei eine Rolle, dass ihn das Amt des Integrationsstaatssekretärs reizt. Er hat die Chancen, aber auch die

Probleme der Zuwanderung im eigenen Umfeld immer selbst erlebt.

»Es war damals schon klar, dass die Integration eine Riesenherausforderung sein wird, ein Riesenproblem«, sagt Kurz »Es war das bestimmende Thema. Aber viele hatten das Gefühl: Das kann nicht sein, dass die Politik dieses Thema einfach ignoriert oder ständig nur in Wahlkampfzeiten versucht zu nutzen.«

Und doch ist Kurz in Sorge. Er hat die Schlagzeilen bereits vor Augen und weiß, dass seine »Geil«-Kampagne jetzt noch einmal in allen Zeitungen breit diskutiert werden wird.

Spindelegger schafft es, Kurz zu überreden. Um Mitternacht willigt er ein.

»Ich habe ihm erzählt, dass es einen anderen Ansatz braucht als den klassischen, sonst kann man ein solches Thema nicht erledigen«, sagt Spindelegger. »Und dass das Alter auch ein Vorteil sein kann.« Als Kurz den Raum verlässt, sind sogar Spindeleggers eigene Sekretärin und sein Pressesprecher skeptisch. »Die haben ihm beide beim Rausgehen gesagt, dass das alles nicht funktionieren kann«, erzählt Spindelegger.

Vernichtende Kritik

Tatsächlich sind die Schlagzeilen in den ersten Tagen hart für Kurz. »Der jüngste und geilste Politiker in der Regierung«, titelt »Heute«. Die »Kronen Zeitung« spricht vom »Geilomat«.

Besonders schmerzhaft für Kurz und Spindelegger ist ein vernichtender Kommentar im »Standard«: »Kurz wird dieses Integrationsstaatssekretariat leiten. Sebastian wer? Kurz. Das ist jener 24-jährige Jungspund, der im Wiener Wahlkampf einen auf geil machte und mit Riesengeländewagen und leichtbekleideten Frauen durch die Stadt düste: ›Geilomobil‹. Zuletzt trat der Chef der Jungen ÖVP im Wiener Gemeinderat mit einer Initiative für die Ordensvergabe an Jungpolitiker hervor. Dieser Unterhaltungskünstler ist eine denkbar schlechte Wahl. Ein Profilierungsneurotiker, dem es nicht um die Sache, sondern um den gepflegten Krawall geht, den er schlagen darf: Notgeil sagt man in diesen Kreisen wohl. Seine Beiträge in der Integrationsdebatte: In den Moscheen sollte Deutsch gesprochen werden. Keine Minarette in den Städten. Weiteres Engagement: Unbekannt. Sonst: Unfug und Party! Politischer Marketing-Gag. Das ist eine Verarschung all jener, die in diesem Bereich tätig sind und sich um Integration bemühen. Michael Spindelegger, der neue ÖVP-Chef, zeigt damit, dass er dieses Engagement nicht ernst nimmt oder die Problemstellung nicht.«

Kurz hatte geahnt, dass es diese Kommentare geben würde. »Ich glaube, er hat das so nicht kommen sehen, dass es wirklich so einen medialen Angriff gibt«, sagt Kurz mit Blick auf Michael Spindelegger. »Die ganze Bundesregierung war ja überschattet durch die massive Kritik an mir und an dieser Entscheidung. Und es war eine furchtbare Zeit für mich. Warum er mich ausgewählt hat? Manchmal frage ich mich das bis heute. Ich denke, weil er aus meiner Sicht vollkommen zu Recht einen Fokus auf dieses Thema Integration legen wollte und es damals in unserer Partei kaum jemanden gab, der sich mit diesem Thema beschäftigt hat. Man hatte in Österreich das Thema Integration den Rechten und den Linken überlassen.«

Vor allem Elisabeth Kurz nehmen die Presseberichte über ihren Sohn mit. Sie sammelt die Zeitungen und liest die Berichte immer wieder. Ihr kommen die Tränen.

Jugendforscher Bernhard Heinzlmaier schreibt in den »Salzburger Nachrichten«: »Er ist fürchterlich uncharismatisch, kommt überheblich und borniert rüber. Kurz ist der Typus des mit dem goldenen Löffel im Mund aufgewachsenen Hietzingers.«

Hietzing – das ist der Luxus-Stadtteil von Wien. Dass Kurz in Wahrheit in Meidling aufgewachsen ist und dort auch noch lebt, hat der Jugendforscher zu diesem Zeitpunkt noch nicht mitbekommen. Und er schreibt noch weiter: »Reiten, Gold, Prosecco und Opernball wohnt seinem Habitus inne. Solche Personen aus der Oberschicht lösen Ressentiments aus. Er vertritt von seinem Erscheinungsbild nicht die Jugend.«

Neben solchen Presseartikeln gibt es auch Facebook-Gruppen, die sich gegen Sebastian Kurz als Integrationsstaatssekretär stellen. Innerhalb von Tagen gibt es Tausende »likes«.

Elisabeth Kurz ist schockiert.

»Für mich war es wirklich schrecklich«, sagt sie. »Ich war daheim und mir war nur übel. Ich bin immer im Kreis gegangen, Tag und Nacht. Es war so furchtbar, das war wirklich für mich die schlimmste Zeit. Irgendwie hat sich mein Weltbild verändert, weil ich gesehen habe, dass es Menschen gibt, die andere ruinieren möchten.«

Seine Eltern und auch die Freunde sind überrascht darüber, wie entspannt Kurz selbst mit den Angriffen umgeht. Obwohl er lernen muss, wie sich in kürzester Zeit Hass gegen ihn entwickeln kann. Wenn er sich nun mit Freunden im Restaurant trifft, nimmt Kurz einen Tisch ganz hinten. Damit ihn niemand erkennt. Und in Bars und Diskotheken kann er gar nicht mehr gehen, weil die Leute wütend sind auf ihn.

»Die Begegnungen damals auf der Straße oder der U-Bahn waren für mich wirklich unangenehm«, sagt Kurz, »als ich einmal auf der Straße war und gerade für ein Interview ein Foto gemacht wurde, hat mich eine Frau gesehen und gebrüllt: ›Schämen Sie sich! Gehen Sie zurück auf die Uni!‹ Wir hatten damals das Gefühl, dass egal, was wir tun, der negative mediale Spin ist ohnehin schon da«.

Gerald Fleischmann, noch heute Sprecher von Kurz, tritt 2011 an, um das mediale Bild zu verändern, dabei traut er Kurz selbst am Anfang nur wenig zu.

»Er hat mich morgens um 6 Uhr angerufen und gesagt, dass ich sein Pressesprecher werden muss. Ich habe dann aus Überzeugung gesagt: Nein, es tut mir leid, für mich ein absolutes No-Go, das ist ausgeschlossen.«

Fleischmann war Sprecher der ÖVP, wollte eigentlich raus aus der Politik. Aber er gilt als Mann für die besonders schweren Fälle. Und Spindelegger überredet ihn, dem damaligen Problemfall Sebastian Kurz beizustehen. Fleischmann hat Sorge, dass das schlechte Image von Kurz auch für ihn gefährlich werden könnte. Er plant, nicht lange bei Kurz zu bleiben, nur für die ersten Tage, vielleicht die erste Woche. Ein Job bei einem Staatssekretär, nachdem er Sprecher der ÖVP war, ist für ihn undenkbar.

Bei den ersten Auftritten mit der Presse ist Sprecher Fleischmann geschockt, mit wie viel Hass Kurz begegnet wird. »Alle zwei Minuten kam bei den Fototerminen jemand vorbei und hat geschrien: ›Sie verdienen Tausende Euro für nichts – gehen Sie studieren‹«, erzählt er. »Ich dachte damals: Ich muss aufpassen, dass ich auf keinem Foto drauf bin, mache den Job hier schnell zu Ende und bin dann weg.«

Aber Fleischmann ist schon nach den ersten Tagen von Kurz fasziniert. Ihm gefällt der Kampfgeist, mit dem er sich gegen die Schlagzeilen stellt. »Es war schon damals ein neuer Stil, den ich vorher nicht kannte«, sagt Fleischmann. »Ich kenne eigentlich keinen Menschen gut, von dem ich nicht weiß, wie er ist, wenn er laut wird. Aber Sebastian ist in all den Jahren nicht einmal laut geworden. Er schreit nicht, er verliert nicht die Nerven, er tut es einfach nicht. Ich habe sowas noch nie gesehen.«

Spindelegger ist nervös, als die Negativnachrichten nicht enden wollen. »Ich hatte natürlich schon die Sorge, dass er völlig demotiviert ist durch all die Schlagzeilen. Ich habe ihn damals täglich angerufen und immer gesagt: Das geht vorbei, das wird schon werden.«

Als nach der Regierungsumbildung im April 2011 ein Foto gemacht werden soll, versuchen sich alle anderen Minister und Staatssekretäre nicht neben Sebastian Kurz zu stellen. Keiner will in seiner Nähe sein. An ihm klebt das Image des peinlichen Jungpolitikers.

Kampf gegen das Schnösel-Image

Doch Kurz gibt nicht auf. Ein Interview beim »ORF« Ende April 2011 gilt heute als Wendepunkt in der Öffentlichkeit. »Ich habe damals gedacht: Das wird jetzt die absolute Hinrichtung beim Armin Wolf in der Show. Aber er hat es dann perfekt gemacht und die Fragen wirklich gut pariert«, sagt Spindelegger.

Das Medientalent Sebastian Kurz wird erstmals richtig deutlich. Sogar seine Kritiker müssen ihm zugesehen, dass er rhetorisch von Anfang an besser ist als viele seine Gegner.

Diese Auftritte im Fernsehen hinterlassen auch heute bei vielen seiner Wähler einen bleibenden Eindruck. Im eng geschnittenen Anzug, die Haare akkurat nach hinten gegelt, die jugendliche Frische im Gesicht. Dazu die immer höflichen Umgangsformen. Dass er bei der Angelobung zum Staatssekretär keine Krawatte trägt, wird in den Medien sofort heiß diskutiert. Und auch die Mutter kritisiert Kurz dafür. Aber in Wahrheit ist es der Beginn einer perfekten Inszenierung, die bis ins letzte Detail überlegt ist. Kurz ist es unangenehm, wenn man mit ihm über sein Äußeres diskutiert und über die Frage, wie wichtig Aussehen in der Politik heute ist: »Ich glaube, die Medien nutzen das doch so, wie es ihnen gerade passt. Als meine Kampagne schlecht lief, war ich der Schnösel. Und als es besser lief, passte das plötzlich alles zusammen. Ich mache mir nicht allzu große Gedanken darüber, wie ich aussehe.«

Privat, sagt Sebastian Kurz, sei er überhaupt nicht eitel. »Viele, die mich nur beruflich kennen und dann an einem Tag sehen, wo ich nicht arbeite, wundern sich dann natürlich über meine lockige Haarpracht. Aber wenn ich beruflich ein Land repräsentiere, bemühe ich mich doch natürlich, ordentlich rüber zu kommen. Das gehört doch auch zur Aufgabe und zu meiner Funktion.«

In seiner Zeit als Staatssekretär merkt Sebastian Kurz, wie schnell ein negatives Image entstehen kann, und wie lange es dauert, bis sich daran wieder etwas ändert.

»Ich kann mich erinnern: Ich habe damals immer meinen Sprecher genervt und gesagt: Du, gibt es irgendwelche Umfragen? Ich muss wissen, ob das wirklich so schlimm ist, wie sich das alles anfühlt. Und er hat immer gesagt: Na, gibt's nix, wir haben nix, da steht nix. Und als ich hartnäckig geblieben bin, ist er dann irgendwann widerwillig mit einer Zeitung zu mir gekommen und hat gesagt: »Ich weiß aber wirklich nicht, ob das repräsentativ ist.« Und ich habe beim Hinschauen gemerkt, da waren einige Minister mit einem leichten Balken im Plus, einige entlang der Nulllinie, einige mit einem Negativbalken. Und ganz, ganz rechts war mein Balken. Der hatte auch noch einen Pfeil nach unten, der bedeutet hat: Es war nicht genug Platz auf der Seite für den langen Negativausschlag!«

Er kämpft von Anfang an gegen das Bild des Schnösels an. Bei Auslandsreisen fliegt er grundsätzlich nur in der Economy-Klasse. Es wird später zu seinem Markenzeichen. Aber selbst an seinem Geburtstag, am 27. August 2011, verfolgen ihn die Negativschlagzeilen. In den Radios läuft die Meldung, dass Kurz zu seinem 25. Geburtstag auf Steuerzahlerkosten nach Rom verreise. »Das war der absolute Wahnsinn«, sagt Kurz, »ich war an meinem Geburtstag auf dem Weg zu einer

Konferenz, ganz sicher nicht, um Urlaub zu machen. Aber die Schlagzeile passte ihnen besser.«

Sebastian Kurz macht trotzig weiter, trifft so viele Integrationsexperten, wie er kann. Macht Besuche bei Migranten. Wirbt um prominente Integrationsbotschafter. »Ich war einfach wahnsinnig viel unterwegs, habe mit vielen Menschen Kontakt gehabt, und mein Team und ich haben es geschafft, zu beweisen, dass wir hart arbeiten«, sagt Kurz.

Nach einem halben Jahr im Amt werden die Schlagzeilen für Kurz besser. Er fordert »Integration durch Leistung« und positioniert sich bewusst in der Mitte. Seine Kritiker dagegen sehen in ihm die große Mogelpackung, jemand, der sich als Integrationsstaatssekretär in die Mitte bewegt hat, um dann wenige Jahre später als Rechtsaußen aufzutreten.

Kurz sagt in den ersten Interviews als Integrationsstaatssekretär, dass er »zwischen Hetze und Träumerei« stehe. Und er kritisiert die FPÖ, seinen heutigen Koalitionspartner. Die Partei und Strache seien »brutaler« geworden. Auf die Frage von »NEWS«, ob er unter Strache zu einer Koalition bereit sei, antwortet Kurz damals: »Das ist die Frage, ob ich dann noch dabei bin. Also plane ich mein Leben nicht langfristig.«

Auch wenn heute alles nach einem großen Plan aussieht. Es gibt immer wieder Zeiten, in denen Kurz darüber nachdenkt, vorübergehend aus der Politik auszuscheiden, in die USA zu gehen, sich bewusst von der ÖVP zu distanzieren, um dann zurückzukommen. Aber die Droge Politik lässt ihn nicht los.

Auf dem Weg zum Hoffnungsträger

Kurz ist damals bei Teilen der Zuwanderer beliebt. Und sogar linke Politiker sagen unter der Hand, dass er dafür gesorgt habe, dass das Thema eine ganz neue mediale Öffentlichkeit bekommen habe.

»Es gab da nie nur die eine Richtung bei den Migranten«, sagt Kurz. »wir haben zum Beispiel auch viele Zuwanderer in Österreich, die massiv gegen illegale Migration oder gegen Migranten aus anderen Kulturkreisen auftreten. Wir haben aus meiner Sicht unter den Muslimen hier manche, die eine gefährliche Ideologie nach Österreich bringen wollen. Und wir haben andere, die irrsinnig liberal sind und viel stärker noch als der klassische Österreicher gegen diese Ideologie ankämpfen.«

Die Zeit als Integrationsstaatssekretär ist die Zeit der Differenzierung. Im Wahlkampf, der ihn erst sechs Jahre später beschäftigen wird, ist für diese Differenzierung weniger Platz. »Ich habe damals gedacht, dass Sebastian Kurz als Integrationspolitiker wirklich anders ist, aber die Jahre danach haben bewiesen, dass es nur um eine Phase ging«, sagt jemand, der Kurz damals in Integrationsfragen beraten hat. »Es ist erstaunlich, dass er bei vielen wirklich den Eindruck hinterlassen hat, dass es ihm um die Migranten geht. Ich glaube rückblickend, dass es ihm schon damals ausschließlich um Wählerstimmen ging, und es war einfach eine andere Zeit. Durch sein Auftreten damals hat er an Macht gewinnen können.«

Die härteste Auseinandersetzung für Kurz als Staatssekretär ist die um das sogenannte Islamgesetz. Der Widerstand von muslimischen Verbänden ist enorm. »Es ging uns darum, dass keine Imame aus dem Ausland nach Österreich geschickt werden, die dann hier auf Türkisch oder in anderen Sprachen predigen. Also ein Gesetz, das versucht, den Einfluss über fremde Finanzierungen einzuschränken.«

Es ist das erste Mal, dass Kurz auch in der türkischen Presse eine große Rolle spielt. Er wird dort zum Feind stilisiert, der die Türken in Österreich bekämpfen will. Kurz nutzt auch dies. Im Wahlkampf 2017 wird er mit markigen Worten den türkischen Präsidenten Erdoğan kritisieren. Und darauf hinweisen, dass er den türkischen und arabischen Einfluss schon immer kritisch gesehen habe. Die Berichterstattung sorgt für Drohungen, in seinem Umfeld machen sich bereits zu diesem Zeitpunkt viele Sorgen, dass es für Sebastian Kurz gefährlich werden könne. Dennoch verzichtet er weiter auf Bodyguards.

Spindelegger ist unterdessen immer mehr begeistert von seiner Entdeckung Kurz. All die Häme, die Kritik, die es am Anfang gab – vergessen. Die Beliebtheitswerte von Kurz gehen in die Höhe.

Neben Integrationsbotschaftern und Islamgesetz startet er ein Dialogforum und initiiert einen Tag der offenen Tür in Moscheen. Und gleichzeitig arbeitet er mit an einer Gesetzesnovelle, durch die gute integrierte Zuwanderer bereits nach sechs Jahren eingebürgert werden können und die Staatsbürgerschaft erhalten.

Neben dem Dialog macht er weiter mit harten Forderungen Schlagzeilen. Eltern sollten künftig 1500 Euro zahlen, wenn ihre Kinder die Schule schwänzen. Kurz bezieht sich auf eine Studie, wonach 75 000 Jugendlich weder eine Schule besuchen noch eine Lehre machen. Die Grünen werfen ihm daraufhin »Hetze auf niedrigstem Niveau« vor.

»Ich habe als Staatssekretär damals immer das Gefühl gehabt, dass von rechter Seite oft der Versuch gemacht wurde, alle Zuwanderer als Täter darzustellen, ganz egal, ob sie das Anforderungsprofil eines Täters erfüllen oder nicht«, sagt Kurz. »Und von linker Seite hatte ich das Gefühl, dass alle Zuwanderer gern als hilfsbedürftige Opfer dargestellt werden sollen, ganz egal, ob sie das sind.«

Kurz trifft Zuwanderer, die mit ihm über dieses Rollenverständnis immer wieder diskutieren. »Sie haben zu mir gesagt: Sie wollen weder das eine sein noch das andere.«

Zum Abheben hätte Kurz jetzt viele Gründe. In der ÖVP wird er immer mehr zum Hoffnungsträger. Sein Förderer Spindelegger zieht ihn in die Öffentlichkeit.

»Die Maßnahmen, die er als Staatssekretär ausgearbeitet hat, waren wirklich gut«, sagt Spindelegger. »Ich fand es toll, dass die Integrationsbotschafter in die Schulen gegangen sind, um zu zeigen: Schaut her, ihr könnt es schaffen! Oder dass er pensionierte Lehrer engagiert hat, die jungen Migranten bei den Hausaufgaben geholfen haben. Und neben diesen Ansätzen hat er eine klare Sprache gefunden, um Parallelgesellschaften in Österreich zu bekämpfen.«

Die Opposition wird dagegen schärfer im Ton. Auch ein Zeichen dafür, dass Kurz sich Respekt erworben hat. Während die Grünen ihm Hetze vorwerfen, sieht FPÖ-Chef Strache kein Problem gelöst. »Sein Integrationsbericht ist ein Dokument des Scheiterns«, sagt Strache.

Doch Kurz fühlt sich wohl zwischen den Grünen und der FPÖ. Und als seine Umfragewerte immer weiter steigen, sagt er Spindelegger bereits, woran er nach der bevorstehenden Nationalratswahl 2013 Interesse hätte: Das Außenministerium.

Das, was völlig undenkbar erscheint, wird von ihm bereits Monate vor der Wahl perfekt geplant. Er bringt seine Truppen in Stellung. Und er wird am Ende sogar noch mehr wollen als nur das Außenamt.

Kapitel 3

Der Außenminister

Große Vorbilder

Frühwinter 2013, Elisabeth Kurz ist wieder in Sorge. Jetzt soll ihr Sohn plötzlich das Außenministerium übernehmen. Das Amt, das neben dem Kanzleramt die größte Strahlkraft in der Regierung hat. Und noch größere Verantwortung mit sich bringt. Ihr Sohn Außenminister? Mit 27 Jahren? »Es war nicht mehr ganz so schlimm wie bei der Berufung zum Staatssekretär«, erzählt Elisabeth Kurz, »aber ich habe mich schon gefragt: Kann er das wirklich?«

Alois Mock – das ist für Elisabeth Kurz der österreichische Chefdiplomat, an den sie sich am besten erinnert. Auch ihr Sohn nennt Mock, der ein Jahr nach Kurz' Geburt 1987 das Außenamt mit 53 Jahren übernahm, als großes Vorbild. Er gilt bis heute als »Vater« des österreichischen EU-Beitritts, für den er am 17. Juli 1989 den Antrag stellte. Mock schrieb in einem heute historischen Dokument nach Brüssel: »Österreich geht bei der Stellung dieses Antrags von der Wahrung seines international anerkannten Status der immerwährenden Neutralität, die auf dem Bundesverfassungsgesetz vom 26. Oktober 1955 beruht, sowie davon aus, dass es auch als Mitglied der Europäischen Gemeinschaft aufgrund des Beitrittsvertrages in der Lage sein wird, die ihm aus seinem Status als immerwährend neutraler Staat erfließenden rechtlichen Verpflichtungen zu erfüllen und seine Neutralitätspolitik als spezifischen Beitrag zur Aufrechterhaltung von Frieden und Sicherheit in Europa fortzusetzen.«

Vielleicht noch bedeutender für Mocks Platz in den Geschichtsbüchern war der 27. Juni 1989, als er gemeinsam mit seinem ungarischen Amtskollegen Gyula Horn bei Sopron in Ungarn den Eisernen Vorhang durchschnitt. Die Grenzöffnung ermöglichte vielen DDR-Bürgern die Ausreise. Und war der Anfang vom Ende der DDR.

Kurz, der die Biografie von Mock genau studiert hat, beeindrucken vor allem diese beiden Dinge: Der Beitritt zur EU, der in einer Volksabstimmung später mit 66 Prozent besiegelt wurde, und der für seine Generation heute als völlig selbstverständlich gilt. Und der Einsatz für Menschen, die für ihre Freiheit kämpfen und aus einem Unrechtsregime fliehen.

Außenpolitik hat Sebastian Kurz schon früh in seiner Karriere fasziniert. Als Integrationsstaatssekretär fliegt er immer wieder in die USA und Kanada. »Das hat mich sehr geprägt, weil wir damals versucht haben, für Österreich Impulse zu bekommen«, sagt Kurz. »Wir haben uns angeschaut, wie die Sprachkurse dort funktionieren für Migranten, wie Langzeitarbeitslose wieder in den Arbeitsmarkt integriert werden. Und wir haben uns angeschaut, wie Kanada mit einem Punktesystem akribisch genau steuert, welche Zuwanderer es möchte und welche nicht.«

Ausgerechnet Justin Trudeau, der kanadische Premier, kritisiert nach dem Wahlsieg von Kurz vier Jahre später seinen österreichischen Kollegen international so scharf wie niemand sonst. Er habe wohl sogar noch mehr gemeinsam mit US-Präsident Donald Trump als mit Sebastian Kurz, sagte Trudeau in Bezug auf die harte Flüchtlingspolitik von Kurz.

Der jüngste Außenminister der Welt

Es ist sein phänomenales Stimmenergebnis bei der Wahl 2013, das Kurz den Weg ins Außenministerium freiräumt. Mehr sogenannte Vorzugsstimmen (Direktstimmen) als jeder andere Politiker in Österreich, sogar mehr als der damals beliebte Kanzler Werner Faymann, der mit der SPÖ die Wahl gewinnt. Die Sozialdemokraten müssen allerdings Verluste hinnehmen, ebenso wie die ÖVP.

Für Kurz ist es der erste Einzug in den Nationalrat.

Faymann durchschaut damals noch nicht, dass Kurz sein gefährlichster Gegner wird. Es ist auch ein bisschen die Arroganz der Älteren, die nicht glauben können und nicht glauben wollen, wie sehr die politischen Verhältnisse ins Rutschen gekommen sind, auch in Österreich. Wie schnell die Parteien an Gewicht verlieren. Und wie schnell Marken wie Sebastian Kurz sich etablieren, die sehr unabhängig von ihrer Partei agieren können.

ÖVP-Chef Spindelegger steht 2013 zu Kurz, auch wenn ihm dessen Stimmenergebnis unheimlich ist. Er hatte zwar Kurz gefördert und immer an ihn geglaubt, aber dass er so schnell in den Beliebtheitsumfragen steigt, hätte Spindelegger nicht geglaubt. Zumal er selbst als Finanzminister in der kommenden Koalition auftrumpfen will. »Wir haben das damals sehr lange besprochen. Ich hatte mir nach der Wahl überlegt, ein Zukunftsministerium zu schaffen, wo man Jugend und Familie zusammenpackt«, sagt Spindelegger. »Da hätte ich mir ihn auch gut vorstellen können.«

Aber Kurz und sein Team wissen, dass Außenminister in der Popularität der Bevölkerung fast immer zulegen. Die Staatsbesuche, die großen Linien der Weltpolitik entrücken sie von der Tagespolitik, machen sie geradezu unangreifbar. Wenn sich die Menschen über Politiker ärgern, dann geht es in der Regel um Innenpolitik. Das Team um Kurz weiß, dass ihre Zeit im Außenamt bereits der Beginn einer Kampagne sein könnte, die erst im Kanzleramt endet.

Als Spindelegger Kurz nach der Wahl 2013 anruft und ihn in sein Büro bittet, nimmt Kurz auf dem gleichen Sessel Platz wie damals, als er Staatssekretär werden sollte. Es ist erst zwei Jahre her, aber fühlt sich an wie eine halbe Ewigkeit.

Vom nervösen blassen Jungpolitiker, der den Job damals erst ablehnen wollte, ist nichts mehr zu spüren. Ganz im Gegenteil: Er weiß jetzt, was er will, und kennt die Tricks. Diesmal denkt er erst gar nicht darüber nach, dass eine Aufgabe zu groß für ihn sein könnte.

In der Jungen ÖVP wird sein Aufstieg von manchen kritisch beäugt, auch die Tatsache, dass Spindelegger ihn so sehr fördert. Andere Politiker bei der ÖVP fühlen sich übergangen. »Wir haben es nicht verstehen können, dass einer so komplett ohne Studium Außenminister werden kann. Und viel von der Welt hatte Kurz damals ja noch nicht gesehen«, sagt einer, der damals dabei war. »Es gab genügend andere talentierte Politiker auch zu dieser Zeit.«

Kurz setzt sich mit all seinen Forderungen durch, auch weil Spindelegger glaubt, dass nicht viel passieren wird in den kommenden Jahren im Außenamt. Ukraine-Krise, ISIS-Terror – all das ist noch weit weg. In den Koalitionsverhandlungen mit der SPÖ wird kaum über außenpolitische Themen gesprochen.

»Ich habe damals diese Turbulenzen nicht vorausgesehen«, sagt Spindelegger. »Ich dachte einfach, das ist eine gute Gelegenheit für Sebastian, sich dort ein Portfolio aufzubauen.«

Kurz ist so von sich überzeugt, dass ihm selbst das Außenamt allein noch nicht reicht. Er drängt Spindelegger dazu, ihm das Feld der Integration zu überlassen, das bisher im Innenministerium angesiedelt war. »Für mich war es so, dass ich das Feld der Integration nicht aufgeben wollte, weil ich so viel Arbeit investiert hatte«, sagt Kurz. »Das wäre mir wirklich schwer gefallen, deshalb habe ich gesagt, dass ich das Thema mitnehmen wollte ins Außenamt. Und hier gehört es meiner Meinung nach ja auch hin.« Er wird »Bundesminister für Europa, Integration und Äußeres«.

Sebastian Kurz kann damals noch nicht wissen, dass die gesamte Legislaturperiode am Ende von einer beispiellosen Flüchtlingskrise bestimmt wird, Kanzler Faymann deshalb zurücktritt und er zum großen Star der Regierung wird. Aber seine Entscheidung, die Zuständigkeit für Integration zu behalten, sorgt dafür, dass er bei allen Themen, die Österreich bewegen, immer mitsprechen kann. Und gleichzeitig kaum angreifbar wird, weil die Versorgung der Flüchtlinge und der Grenzschutz in der Zuständigkeit des Innenministeriums liegen.

Für Kurz hätte es kaum besser kommen können.

Als Kurz weiß, dass er Außenminister wird, ruft er noch am selben Abend den Generalsekretär des Außenministeriums an. Der ist für die gesamte Organisation im Ministerium zuständig. Kurz will keine Zeit verlieren, trifft ihn sofort in einer Hotelbar, nicht weit entfernt vom Ministerium. Es ist kurz vor Mitternacht, als sie sich auf die Ledersessel in der Ecke zurückziehen. Kurz bestellt Gin Tonic, die anderen Gäste schauen kurz auf, er wird schon jetzt überall erkannt.

Kurz will vor allem über den Balkan diskutieren, hier möchte er als Außenminister mehr tun, auch wirtschaftlich helfen. Die beiden reden über das Budget des Ministeriums, über Österreichs Rolle in der Welt. Erst um kurz vor 3 Uhr verlässt

Kurz die Bar. Er ist euphorisch, als er zurück in seine Wohnung nach Meidling fährt.

Anderthalb Flugstunden von Wien entfernt steht zur gleichen Zeit ein Mann bei minus 30 Grad im Zentrum von Kiew, den Kurz als Außenminister bald kennenlernen wird: Vitali Klitschko.

Ich bin als Reporter in diesen Wochen durchgehend in Kiew und erlebe, wie sich die Proteste immer weiter zuspitzen, Polizisten gewaltsam auf Demonstranten losgehen, und es scheint schon damals im Dezember 2013 nur eine Frage der Zeit, bis es die ersten Todesopfer gibt. Auch für Klitschko ist die Lage gefährlich, er trägt eine kugelsichere Weste, hat Bodyguards dabei.

Hunderttausende demonstrieren auf dem Maidan im Herzen von Kiew gegen den korrupten Präsidenten Viktor Janukowitsch. Auf dem Platz sind Zelte aufgebaut, die Menschen harren bei eisigen Temperaturen aus. Klitschko ist Tag und Nacht unterwegs, um mit den Demonstranten zu sprechen, mit Menschen, die teilweise im gleichen Alter sind wie Sebastian Kurz.

So auch Irina (28), die bei den eisigen Temperaturen in einem der Zelte schläft. Sie berichtet, dass ihre Freunde von den Schergen des Präsidenten zusammengeschlagen wurden. Dass sie sich nichts sehnlicher wünscht als einen EU-Beitritt. Dass sie endlich Freiheit will.

»Es gibt keinen Politiker in der Ukraine, der seine Macht so schamlos ausgenutzt hat wie er, um sich selbst und seine Familie zu bereichern«, sagt Klitschko über Janukowitsch. Der Präsident besitzt damals ein 35 000 Hektar großes Jagdrevier, den Palast »Cape Aya« am Schwarzen Meer und die Luxus-Datscha »Meschigorja«.

Sein Vermögen wird auf 200 Millionen Euro geschätzt, aber in seiner Steuererklärung tauchen nur drei Millionen Dollar auf. Der Rest wird in der Schweiz und Lichtenstein vermutet.

Janukowitsch beschäftigt damals einen Mann, der später entscheidend dazu beitragen wird, dass in den USA Donald Trump zum Präsidenten gewählt wird: Paul Manafort. Der Wahlkampfmanager berät Janukowitsch über Jahre hinweg, wie zuvor zahlreiche Diktatoren in Afrika oder Asien.

Der Protest auf dem Maidan richtet sich nicht allein gegen Janukowitsch. Die Menschen demonstrieren vor allem für das sogenannte Assoziierungsabkommen der Ukraine mit der EU, das Janukowitsch nicht unterzeichnet, weil Russlands Präsident Wladimir Putin massiv Druck auf ihn ausübt. Putin will verhindern, dass sich die Ukraine noch mehr in Richtung EU bewegt.

Klitschko ist das bekannteste Gesicht unter den Demonstranten. Bei den Parlamentswahlen im Oktober 2012 hatte seine Partei UDAR aus dem Stand fast 14 Prozent der Stimmen gewonnen. Klitschko ist als Abgeordneter und Fraktionsführer seiner Partei ein wichtiges Gesicht der ukrainischen Opposition. Für den Boxweltmeister sind es die dramatischsten Wochen seines Lebens, als er gegen Janukowitsch auf die Straße geht, aber gleichzeitig eine gewaltsame Eskalation zwischen Polizei und Protestierenden unbedingt verhindern will.

Wie sehr der Rest Europas den Konflikt am Anfang unterschätzt, wie dramatisch die Fehleinschätzungen sind, zeigen auch die ersten Tage von Kurz im österreichischen Außenamt. Über die Ukraine reden sie damals kaum, es wird seine Reise auf den Balkan vorbereitet. Kiew und die Ukraine sind weit weg für den frischgebackenen österreichischen Außenminister. Aber das gilt damals noch für die meisten Politiker. Sie rechnen damit, dass sich der Maidan-Protest auflösen wird. Und dass Janukowitsch niemals freiwillig seinen Posten räumt. Sie liegen alle falsch.

Klitschko ist in den ersten Tagen auf dem Maidan verzweifelt, weil keine Unterstützung aus dem Ausland zu spüren ist. Er gibt Tag und Nacht Interviews, spricht bei »BBC« und »CNN«. »Ich frage mich, wo der Aufschrei Europas bleibt«, sagt er.

In den frühen Morgenstunden des 11. Dezembers 2013 stürmen Polizeieinheiten das Gebäude der Kiewer Stadtverwaltung und treiben die Demonstranten auf dem Maidan auseinander. Die Polizei setzt Schlagstöcke ein. Klitschko ist da und will die Menschen schützen. Dazu braucht er die Aufmerksamkeit Europas. Dort sind es besonders zwei Länder, die ihm ans Herz gewachsen sind. Deutschland ist seine zweite Heimat, seine Familie wohnt in Hamburg, die Deutschen betrachten ihn als ihren Boxer. Österreich ist das Land, in dem er sich vor jedem Kampf monatelang vorbereitet hat, im »Stanglwirt« bei Kitzbühl hat er zusammengerechnet mehrere Jahre verbracht, er liebt die Wälder und im Winter das Skifahren. »Ich fühle mich manchmal auch ein bisschen als Österreicher«, sagt Klitschko.

Erste Schritte im Außenamt

Während die Maidan-Proteste im Dezember 2013 immer größer werden und bis zu einer Million Menschen auf den Platz strömen, wird Kurz vereidigt. Anders als noch bei der Angelobung zum Staatssekretär trägt er diesmal eine Krawatte. Damals wollte Kurz jung und anders wirken. Jetzt muss er vor allem seriös sein und davon überzeugen, dass sein Alter keine Rolle spielt. Er weiß, dass auch das Ministerium ihm kritisch gegenübersteht. Wie könnte es auch anders sein bei einem Minister, der noch nicht einmal sein Jura-Studium beendet hat.

Kurz ruft am ersten Tag alle Mitarbeiter zusammen und hält eine Ansprache, die das Eis brechen soll. »Ich möchte von Ihnen lernen, Sie alle haben viel mehr Erfahrung als ich«, sagt er. Und doch beginnen hinter seinem Rücken die Lästereien. »Was wird wohl der erste ausländische Minister sagen, wenn dieser Bubi ihn besuchen kommt«, witzeln die Diplomaten.

Kurz kündigt an, dass gespart werden muss, und beginnt bei sich selbst. Der Reiseabteilung teilt Kurz mit, dass er nur Economy fliegen möchte und die Hotels ebenfalls nach Preisklassen ausgesucht werden sollen, die günstiger sind als die, die von den Vorgängern gebucht wurden.

Im Außenministerium kommt das nicht überall gut an. »Wir fanden, dass das damals schon sehr eine Show war für die Presse. Was spricht dagegen, dass Politiker, die kaum schlafen, die Business Class nutzen«, sagt einer, der ihn damals beobachtet hat.

Kurz sieht das von Anfang an anders. Er glaubt, dass diese vermeintlichen Kleinigkeiten dazu führen, dass das Image der Politik insgesamt Schaden nimmt. Dass sich Politiker zu weit von den Realitäten entfernen. Genau mit diesem Anti-Image wird er am Ende Wahlen gewinnen. »Wenn ein Privater Geld ausgibt, dann ist das sein Geld, wenn man Steuergelder ausgibt, ist das fremdes Geld«, sagt Kurz. »Ich finde die Frage, wie man fliegt, oder wie teuer man übernachtet als Minister, das sind kleine Symbole für die Frage, was man selbst für einen Umgang mit Steuergeld hat.«

Auch seine Eltern verfolgen damals, welche ersten Schritte ihr Sohn im neuen Amt unternimmt. Dass Kurz nur Economy fliegt, finden sie nicht verwunderlich. »Der lebt wirklich so«, sagt Josef Kurz. »Wenn er von irgendwo zu spät zurückkommt, fährt er noch an einer Tankstelle vorbei und wärmt sich eine Tiefkühlpizza auf. Ich denke mir da manchmal auch: Ein bisschen seltsam ist das schon.«

Mutter Elisabeth Kurz ist davon überzeugt, dass die Art ihres Sohnes vor allem mit dem jungen Alter zu tun hat. »Ihm hat das halt nicht so viel bedeutet, wie er reist. Er war da immer sehr bodenständig. Als er vom Bauernhof aus auf einen Termin fahren musste, haben wir mal gesehen, wie er sich im ehemaligen Schweinestall umgezogen hat. Das sah wirklich sensationell aus, wie er sich dort fertig gemacht hat, um als Außenminister wieder in die Welt zu fliegen.«

Das Protokoll im Amt nimmt Kurz nur so weit ernst, wie er es für richtig hält. »Ich fand es am Anfang erstaunlich, dass diese Protokollregeln wirklich alles bestimmen sollen, wer nebeneinander hergeht, wer auf welcher Seite des Raumes steht. Ich habe mich nicht immer an alle gehalten«, sagt Kurz.

Auch im Ministerium selbst verhält er sich anders als seine Vorgänger. Er nimmt seine engen Vertrauten aus dem Integrationsministerium mit ins Außenamt. »Mir war klar, dass ich als Außenminister nicht erfolgreich werden kann, wenn ich mich verstelle und versuche, eine andere Persönlichkeit zu sein«, sagt Kurz. »Ich habe dann sowohl die Stärken des diplomatischen Dienstes genutzt, aber gleichzeitig meine junge Truppe hier auch eingebracht. Ich glaube, das hat gut funktioniert, auch wenn es natürlich den einen oder anderen kritischen Blick gab, wenn ich am Sonntag im Büro war und keinen offiziellen Termin hatte und da in Jeans eher schlampig daher kam.«

Kurz setzt auch auf sein junges Alter, um Themen einzubringen, die für seine Generation wichtig sind. So soll die Arbeit der Botschaften digitalisiert und sollen alle Antragsstellungen vereinfacht werden.

Seinem neuen Haus macht er schnell klar, wohin er das Außenministerium führen will. »Ich habe direkt am Anfang gesagt, dass ich meinen Fokus auf den Westbalkan richten möchte und dass ich unsere Neutralität nutzen will, um mehr internationale Verhandlungen und Konferenzen nach Österreich zu holen.«

Er will dabei an SPÖ-Außenminister Bruno Kreisky erinnern, der Wien in den 60er-Jahren als Außenminister und später als Kanzler zum großen diplomatischen Parkett gemacht hat.

Bei seiner ersten Reise als Minister bricht Kurz daher mit allen Traditionen. Seit Jahrzehnten waren österreichische Außenminister zuerst in die Schweiz geflogen, aber Kurz zieht es nach Kroatien. Nach seiner Angelobung als Minister fliegt er am frühen Morgen nach Zagreb. »Ich wollte ein Signal setzen, dass das unser Schwerpunkt wird und Kroatien als noch junges EU-Land besuchen«, sagt Kurz. »Außerdem war es wichtig für mich, dass es ein pro-europäisches Land wird.«

Die enge Verbindung zu den Staaten des Westbalkans, wird ihm später helfen, die Flüchtlingsroute gemeinsam mit diesen Ländern zu schießen. Sie fühlen sich von Österreichs jüngstem Außenminister ernst genommen.

Ein echter Europäer?

Die Frage, wie pro-europäisch Kurz ist, wird in den folgenden Jahren und später vor allem in der Flüchtlingskrise immer wieder scharf diskutiert. Kurz reklamiert für sich, durch seinen Weg des Dialogs auch mit dem ungarischen Präsidenten Viktor Orbán europäischen Realismus vorzuleben.

Kurz kennt als 31-Jähriger nur ein geeintes Europa. Die Europäische Union ist für ihn selbstverständlich. »Gerade weil Menschen in meinem Alter nichts anderes mehr wirklich in Erinnerung haben, müssen wir jetzt dafür sorgen, dass das auch so bleibt«, sagt er. »Und aus meiner Sicht funktioniert es nicht dadurch, wenn wir uns in Brüssel hinstellen und sagen: Hier gibt es die guten Länder, dort gibt es die bösen Länder.«

Kritiker von Kurz dagegen werfen ihm vor, Orbán zu verharmlosen und zu wenig auf die Menschenrechtssituation dort aufmerksam zu machen. Seine politischen Konkurrenzen vergleichen Kurz und Orbán sogar direkt miteinander und ziehen Parallelen. Der österreichische Chef der liberalen NEOS-Partei, Matthias Strolz, sieht Kurz auf den Spuren des ungarischen Premiers wandeln. »Viktor Orbán war vor 20 Jahren wie Kurz ein liberaler Posterboy, der in ganz Europa als Zukunftshoffnung durchgereicht wurde«, sagt er in einem »APA«-Interview im November 2017. Orbán sei machtbewusst, talentiert und kommunikativ, habe aber keine inneren Werte, wolle einfach an die Macht. »Das alles erinnert mich an die ÖVP und Kurz«, sagt Strolz.

Ein gutes Verhältnis zu Israel

Nach seiner Antrittsreise in Kroatien bekommt Kurz Besuch vom damaligen israelischen Außenminister Avigdor Lieberman.

Als Schüler hatte Kurz mehrfach Holocaust-Überlebende getroffen. »Jemanden zu treffen, der dieses unfassbare Leid erlebt hat, ist kaum zu beschreiben«, sagt Kurz. »Ich glaube, dass meine Generation eine ganz besondere Verantwortung hat, weil wir wahrscheinlich bei den Letzten sind, die überhaupt noch die Möglichkeit haben, mit Überlebenden zu sprechen.«

Kurz initiiert als Minister Jugendaustauschprogramme. Österreicher können ihren Zivildienst auch in Yad Vashem oder in anderen israelischen Gedenkstätten verrichten. »Ich glaube, dass uns der Austausch mit Israel sehr gut tut«, sagt Kurz. »Wir haben eine massive historische Verantwortung aufgrund unserer Geschichte. Und wir haben deshalb auch die Pflicht, den Austausch mit Israel zu suchen.«

Premier Benjamin Netanjahu gehört beim Wahlsieg 2017 zu den ersten Gratulanten. Doch als Kurz mit der FPÖ Regierungsgespräche beginnt, gibt es in Israel massive Kritik. Die erste ÖVP/FPÖ-Koalition aus dem Jahr 2000 ist nicht vergessen. Damals hatte Israel seinen Botschafter aus Wien abgezogen. Bis heute gilt ein Kontaktverbot gegen die FPÖ, welches das israelische Außenministerium für seine Diplomaten verhängt hat. Kurz spricht darüber mit seinen israelischen Kontakten bereits während der Koalitionsverhandlungen.

Die FPÖ von 2000 ist nicht mehr die FPÖ von 2017 – das ist seine Botschaft an die Israelis. Und immer wieder die klare Aussage, dass er keine Antisemiten in seiner Regierung dulden werde und die Freundschaft zu Israel für ihn höchste Priorität habe. Tatsächlich gibt es in der FPÖ weniger antisemitische Ausfälle, als sie es noch 2000 gegeben hat. Haider hatte unter anderem über seinen Vorgänger als FPÖ-Parteichef Norbert Steger gesagt: »Die persönliche Ehre eines freiheitlichen Politikers ist in Gefahr, wenn man ihn unter vorgehaltener Hand als Freimaurer oder Halbjuden ins Gerede bringt.«

Die FPÖ hat sich mittlerweile auf die Flüchtlinge konzentriert, um Stimmung zu machen und Hass zu schüren. Antisemitismus ist in der Partei zwar immer noch verbreitet, wird aber weniger offen ausgesprochen. Die FPÖ-Politiker versuchen dagegen, Flüchtlinge auch deshalb als Bedrohung darzustellen, weil viele von ihnen antisemitisch eingestellt seien.

Der enttäuschte väterliche Freund

Kurz lernt im Außenamt schnell, er arbeitet viel, steht um 5.30 Uhr auf, geht nie vor Mitternacht ins Bett. In den Bars und Diskotheken von Wien wird er nur noch selten gesehen.

Es fasziniert ihn, um die Welt zu reisen, und sich selbst zu beweisen, dass er auch dieses Amt kann, obwohl er jung ist und sein Studium nicht abgeschlossen hat. Und er hat schon früh im Außenamt das nächste Ziel vor Augen. Kurz glaubt bald, dass er auch Kanzler kann.

Gelernt hat er in den Anfangsmonaten vom deutschen Außenminister Frank-Walter Steinmeier, der als besonders vorsichtiger und erfahrener Diplomat gilt.

»Steinmeier war jemand, der mit der Souveränität des vielleicht wichtigsten Landes in der Europäischen Union auch den kleinen Ländern immer das Gefühl gegeben hat, dass sie mindestens so wesentlich sind wie er, auch wenn er mit dem kleinsten EU-Mitglied zu tun hat«, sagt Kurz.

Steinmeier und er verstehen sich in den ersten beiden Jahren gut. Häufig ruft Kurz Steinmeier direkt auf dem Handy an, berät sich mit ihm in allen entscheidenden Fragen. Es ist ein väterliches Verhältnis und Steinmeier genießt den Respekt, den Kurz ihm entgegenbringt. Im Juni 2014 treffen sie sich beim Heurigen und essen Schnitzel zusammen. Fast drei Stunden unterhalten sie sich über die weltpolitische Lage. Die Meinungsumfragen (53 Prozent Zustimmung) für Kurz hat auch Steinmeier wahrgenommen, er glaubt damals bereits, mit einem künftigen Kanzlerkandidaten zusammenzusitzen.

Verwundert hat Steinmeier besonders Kurz' Umgang mit dem türkischen Präsidenten Recep Tayyip Erdoğan. Kurz hatte Erdoğan am 21. Juni 2014 im Wiener »Grand Hotel« getroffen. Erdoğan hielt eine Rede vor 13 000 Anhängern in Wien. »Erdoğan hat den türkischen Wahlkampf nach Österreich getragen und für Unruhe auf unseren Straßen gesorgt«, sagte Kurz nach dem Treffen. Der türkische Präsident ist erstaunt, dass ihm dieser junge Minister so offen und unverhohlen die Meinung sagt.

Kurz' Worte kommen in der österreichischen Bevölkerung gut an. Er profiliert sich immer deutlicher als Klartext-Politiker gegen Erdoğan und fordert Auftrittsverbote für türkische Politiker.

Steinmeier, der am Anfang noch beeindruckt ist von diesem aufstrebenden jungen Politiker, ist später umso enttäuschter. Dass ausgerechnet Kurz bei der Balkan-Routen-Schließung ihm und der deutschen Regierung in den Rücken fällt, damit hatte er nicht gerechnet. Wütend ruft er damals bei Kurz an, hält ihm vor, uneuropäisch zu handeln. Den Alleingang von Kurz wird er ihm nie vergessen.

Die Tatsache, dass Steinmeier und er sich in anderen Fragen einig waren, dass sie sich gut verstanden haben, ändert am Ende nichts an Kurz' Einstellung in der Flüchtlingsfrage. »Man hat ihm aber angemerkt, wie unangenehm es ihm war, dass Steinmeier plötzlich wütend war«, sagt ein Diplomat, der damals dabei war.

Krisenzeit

»Michael Spindelegger hat zu mir gesagt, dass das Außenamt thematisch zwar sehr breit ist, aber es selten Krisen oder Kriege gibt und ich insofern eine Menge Zeit haben werde und mich in aller Ruhe vorbereiten kann«, sagt Kurz. »Aber der Satz hat nicht gestimmt, wie wir jetzt wissen.« In seiner Amtszeit als Außenminister finden große weltpolitische Umbrüche statt.

Während die österreichische Presse, aber mittlerweile auch die internationalen Zeitungen immer mehr über ihn berichten, kommt es zur ersten echten Bewährungsprobe.

Eine Österreicherin ist in Dubai verhaftet worden. Die junge Frau soll am 1. Dezember 2013 in der Garage eines Luxushotels vergewaltigt worden sein. Zeugen hörten Hilfeschreie und alarmierten die Polizei. Doch der mutmaßliche Täter streitet alles ab, woraufhin nicht er, sondern die Frau wegen »unehelichem Sex« festgenommen wird.

Kurz schickt sofort ein Krisenteam nach Dubai. Wieder helfen ihm seine Kontakte. Schon direkt nach Amtsantritt hat er den Außenminister der Vereinigten Arabischen Emirate kennengelernt. So gelingt es Kurz, die Frau schneller als erwartet aus der Haft zu befreien. Er begrüßt sie auf dem Wiener Flughafen.

»Diese Situation hat mich absolut geprägt, das waren unglaubliche Emotionen, die ich da erlebt habe«, sagt Kurz. »Das kann man kaum beschreiben, wenn es gelingt, einen österreichischen Staatsbürger aus der Haft zu befreien. Das waren für mich eigentlich immer die schönsten Erlebnisse: Menschen zu unterstützen zu können, die, ohne dass sie etwas dafür können, von einer Minute auf die andere in dramatische Situationen kamen.«

Aber schon kurz nach dieser ersten Bewährungsprobe gibt es auch für Kurz und Österreich nur noch ein Thema: Die Ukraine. Und da gibt es keine schnelle Lösung.

Die Maidan-Proteste sind nicht mehr zu ignorieren, im Januar 2014 hat es nach schweren Ausschreitungen die ersten Toten gegeben, viele der Demonstranten stehen mit Europa-Flaggen auf dem Platz und fordern Freiheit für ihr Land und das Ende einer Regierung, die sie, anders als angekündigt, nicht Richtung Europa führen will. Und das Ende eines Präsidenten, dessen Korruption selbst in der korrupten Ukraine beispiellos ist.

Auf der Münchner Sicherheitskonferenz Anfang Februar 2014 ist die Krise das bestimmende Thema. Auch Kurz reist an, als Neuling, über den die Delegationen der anderen Länder tuscheln. Diplomaten im Tross von US-Außenminister John Kerry erkundigen sich auf den Fluren des Hotels »Bayrischer Hof« verunsichert, ob dieser junge Mann wirklich der Außenminister Österreichs ist. »He looks like a kid«, sagt einer. Ein anderer witzelt: »In so einem Alter könnte man in den USA nicht einmal Büroleiter werden. So was geht wohl nur in Österreich.«

Die wichtigsten Regierungschefs, Außenminister und Verteidigungsminister der Welt haben sich versammelt, und Kurz ist plötzlich einer von ihnen. Und er fühlt sich sichtlich wohl dabei.

Alle Kameras der Welt richten sich auf den ukrainischen Oppositionsführer Vitali Klitschko, der am 31. Januar abends im Hotel eintrifft. Es sind so viele Kameras, dass Klitschko kaum durchkommt. Alle wollen mit ihm reden, ein Selfie, das ist für die meisten hier das wichtigste.

Auch Kurz will Klitschko sehen. Sein Sprecher ruft im Hotelzimmer des Oppositionspolitikers an, ob es die Möglichkeit für ein Treffen gibt. Klitschko denkt nicht lange nach: »Für Österreich immer!«

Das Treffen soll in Kurz' Hotelsuite stattfinden, auf dem Weg dorthin fragt Klitschko seine Berater, wer Sebastian Kurz genau ist. Als sie von seinem Alter berichten, staunt er und sagt dann: »In seinem Alter hätte ich nie gedacht, dass ich einmal Politiker werden würde!«

Aber die beiden mögen sich sofort. Und Klitschko ist es wichtig, ihm alles über die Ukraine-Krise zu berichten. Über die Menschen, die auf dem Maidan getötet wurden. Über die Polizeigewalt. Über den »Diktator Janukowitsch«.

Kurz ist beeindruckt. »Als plötzlich der Vitali Klitschko vor mir saß im Hotelzimmer und von der Situation auf dem Maidan berichtet hat, habe ich das noch einmal ganz anders verstanden«, sagt er. »Das war ohnehin mein Erlebnis als Außenminister: Es war ein Riesenunterschied, ob man so etwas erfährt oder ob man mit jemandem darüber redet. Hier habe ich gemerkt, wie wahnsinnig explosiv die Lage ist.«

Schon wenige Tage später eskaliert die Situation in der Ukraine.

Am 20. Februar 2014 kommt es zu einem Massaker, wie es Europa seit dem Jugoslawien-Krieg nicht mehr gesehen hat.

Spezialeinheiten der ukrainischen Regierung erschießen mehr als 50 Menschen. Zum gleichen Zeitpunkt sitzen der deutsche Außenminister Steinmeier, Frankreichs Außenminister Laurent Fabius und Polens Außenminister Radosław Sikorski in der deutschen Botschaft in Kiew zusammen. Sie wollen zwischen Janukowitsch und der Opposition, bestehend aus Klitschko und dem anderen damaligen Oppositionsführer Arseni Jazenjuk vermitteln. Sie finden eine Lösung, aber ihr Deal hält nicht einmal 24 Stunden. Janukowitsch flieht nach Russland, eine Übergangsregierung mit einem Ministerpräsidenten Jazenjuk kommt die Macht. Und Russland macht sich bereit, die Krim zu annektieren. Klitschko tritt bei den späteren Präsidentschaftswahlen nicht an, wird aber noch 2014 Bürgermeister von Kiew.

Es ist der Beginn eines Konflikts, der bis heute andauert und Tausende Tote gefordert hat, mitten in Europa.

Auch Kurz will handeln. Lässt nach einer Aufforderung aus der Ukraine Konten von Janukowitsch-Getreuen in Österreich sperren. »Das war ein großes Risiko für mich damals, weil es natürlich eine harte Sanktion war, Konten zu sperren«, sagt Kurz, »aber für mich war es wichtig, ein Zeichen zu setzen.« Kurz reist Anfang März 2014 auch selbst in die Ukraine. Er will einen Eindruck gewinnen von der Freiheitsbewegung, die einen Präsidenten gestürzt hat. Er will mit den Menschen sprechen, die unter so großem Risiko wochenlang auf die Straßen gegangen sind. »Das war für mich der erste Kontakt mit einer bewaffneten Auseinandersetzung, die die Vorstufe zu einem Krieg sein könnte«, sagt Kurz. »Es waren irrsinnig viele Menschen noch dort, zum Teil bewaffnet in paramilitärischen Uniformen oder auch ganz ohne Uniform nur mit der Kalaschnikow in der Hand. Es war eine sehr bedrückende Atmosphäre, und die vielen Fotos der Verwundeten und Getöteten haben mich sehr bewegt.«

Kurz trifft in Kiew auch wieder Klitschko. Beide hoffen, dass das blutige Drama das Ende des Konflikts bedeutet. Sie ahnen nicht, dass es nur der Anfang sein sollte.

Nur ein Kalter Krieg?

Als Kurz mit der »Austrian Airlines« von Kiew aus wieder in Wien landet, kommen neue Hiobsbotschaften aus der Ukraine.

Ich erlebte damals als Reporter, wie auf der Krim scheinbar ganz plötzlich »grüne Männchen« auftauchen. In den folgenden Tagen im März 2014 versammeln sich dort immer mehr Soldaten vor den ukrainischen Kasernen, auf der ganzen Halbinsel. Die meisten Soldaten wollen nicht sprechen, als ich sie frage, woher sie kommen. Aber einer der Soldaten antwortet mir ganz offen: »Ich bin ein russischer Soldat und auf einer geheimen Mission«, sagt er.

Für alle internationalen Beobachter ist bereits nach wenigen Stunden klar, dass hier nichts anderes als eine russische Invasion stattfindet. Russlands Präsident Wladimir Putin und Außenminister Sergej Lawrow streiten ab, dass sie etwas damit zu tun haben. Erst anderthalb Jahre später wird sich Putin zu der Annexion öffentlich bekennen.

Kurz kennt Lawrow zu diesem Zeitpunkt schon. Sie sind sich bei den Verhandlungen zum Iran-Abkommen begegnet, die Kurz als Außenminister nach Wien geholt hat, direkt 2014. Am Anfang ist Lawrow skeptisch, was dieser 27-Jährige von ihm will, es gibt keine bilateralen Gespräche. Aber später verstehen sie sich immer besser, auf Fotos lächeln sie, scherzen gemeinsam. Es wirkt wie eine politische Freundschaft, sie duzen sich sogar. Sergej und Sebastian.

Aber wie kann Kurz mit einem Politiker so freundlich umgehen, der für den Krieg in der Ukraine mitverantwortlich ist, und später mit dem russischen Eingreifen in Syrien auch für Tausende Tote in Städten wie Aleppo? Kurz fällt damit auf, dass er zwar die Sanktionen gegen Russland mit beschließt, aber schon früh mahnt, das Verhältnis zu Russland wieder zu verbessern.

Viele Österreicher sind zu dieser Zeit – so wie auch viele Deutsche – eher russlandfreundlich eingestellt. Druck kommt auch von der österreichischen Wirtschaft, die ihre Exporte nach Russland in Gefahr sieht. Dazu kommt die traditionell »neutrale« Rolle Österreichs in der Weltpolitik.

»Ich glaube, wir sind eigentlich eins der wenigen Länder in Europa, das es immer geschafft hat, einen guten Kontakt zu beiden Staaten aufrecht zu erhalten«, sagt Kurz. »Und wir haben ein Jahr den Vorsitz in der OSZE innegehabt, und ich habe das Gefühl, dass sowohl die russische Seite als auch die ukrainische Seite mit unserer Vorsitzführung zufrieden ist. Und genau das war ja auch das Ziel unserer Vorsitzführung.«

»Ich hatte im Ukraine-Konflikt immer das Gefühl, dass es nie eine Entscheidung zwischen der Europäischen Union und Russland geben darf«, so Kurz weiter. »Der Druck der EU auf die Ukraine war damals falsch. Es darf kein Entweder-Oder geben. Ganz unabhängig davon heißt das natürlich nicht, dass ich Völkerrechtsverletzungen wie die Annexion der Krim in irgendeiner Form gutheiße.«

Es ist eine ungewöhnlich scharfe Kritik, die Kurz an der EU im Zusammenhang mit der Ukraine-Krise formuliert, so wie kaum ein anderer prominenter europäischer Politiker. So manifestiert sich das Bild eines besonders russlandfreundlichen Politikers, auch wenn Kurz sich selbst so nicht sehen will. Aber klar ist, dass seine Kritik am russischen Regime zwar vorhanden ist, aber immer nur so weit, wie es unbedingt sein muss.

Fest steht, dass ihn die Ukraine-Krise nachhaltig prägt. »Für mich hat dieser gesamte Konflikt noch einmal in meinem Kopf zusammengerückt, was eigentlich wesentlich ist und worum es im Leben geht«, sagt Kurz. »Krieg war für mich immer etwas absolut Unvorstellbares, also so weit weg, dass ich in unserer Region, auf unserem Kontinent, nicht einmal im Entferntesten daran gedacht habe, dass so etwas noch einmal stattfinden könnte. Ich hatte mir bis dahin nicht gedacht, dass ich das auf unserem Kontinent einmal erleben würde.«

Seine Zeit als Außenminister bekommt damit eine völlig neue Wendung. Manchmal erinnert er sich noch an das Gespräch mit Spindelegger, dass es für ihn eine ruhige Zeit im Außenamt werde. Und es macht ihm deutlich, wie schnell sich die Zeiten weltpolitisch verändern können. »Die Zeit als Außenminister hat bei mir sicherlich ein massives Bewusstsein geschaffen dafür, dass vieles nicht selbstverständlich ist, was wir in Österreich für selbstverständlich erachten. Ich habe in der Ukraine ein Schild gesehen, das auf dem Boden stand. Darauf stand: Democracy starts with you. Und genau so ist es.«

Als der Konflikt immer weiter geht, nach der Krim-Besetzung russische Truppen auch in die Ostukraine einrücken, denkt Sebastian Kurz das erste Mal an einen großen Krieg, der in seiner Amtszeit ausbrechen könnte.

Zuhause in Zogelsdorf bei seiner Großmutter, die einst aus dem Krieg geflohen ist, sind die Ereignisse 1000 Kilometer entfernt ein großes Thema. Es sind Ereignisse, die europäische Politiker geschockt darüber nachdenken lassen, an welcher Seite sie stehen werden, wenn Russland in der Ukraine noch mehr Gebiete angreift, und wenn danach noch weitere Länder in den Fokus von Putin geraten.

Kurz beschäftigt die Frage, ob der Kalte Krieg in seinem Leben zurückkehrt oder bereits durch die Ukraine-Krise zurückgekehrt ist. Aber immer will er die Schuld nicht allein bei Russland sehen, sondern versucht zu relativieren.

»Ich glaube, dass es ja ganz klar ist, wer hier Völkerrecht gebrochen hat. Aber ich habe eben auch eine gewisse Machtlosigkeit der EU gespürt. Der Kalte Krieg ist etwas, was meine Generation nur aus den Geschichtsbüchern kennt, und ich glaube, wir sollten alles tun, um ihn auch dorthin wieder zurückzudrängen.«

Ein Thema dagegen hat auch Kurz damals nicht im Blick, dabei wird es kurze Zeit später sein politisches Leben prägen: Der Syrien-Krieg und die zunehmende Eskalation. Bereits 2013 und 2014 machen sich Hunderttausende Flüchtlinge auf, damals vor allem noch in die Türkei, Libanon und Jordanien.

»Es war für viele gefühlt weit weg«, sagt Kurz, »und ich habe den Eindruck gewonnen, dass es bei der medialen Berichterstattung meist nur den einen Konflikt gibt. Und da war es jetzt sicherlich die Ukraine-Krise.«

Der Takt der Medien bestimmt auch das Handeln von Sebastian Kurz.

»Kleines Österreich ziemlich groß«

In der Ukraine-Krise laufen die entscheidenden Gespräche zwischen den Staatschefs, Kurz versucht unterdessen weiter, internationale Treffen nach Österreich zu holen. Ihm hilft es, dass Österreich den Vorsitz des Europarats übernommen hat. Es sind lange Tage und lange Nächte, in denen sein Team zusammen arbeitet – immer auch an Kurz' stetigem Aufstieg.

Neben Sprecher Gerald Fleischmann engagiert Sebastian Kurz einen weiteren alten Bekannten als Co-Sprecher. Etienne Berchtold, Diplomat, kennt er aus der Jungen ÖVP, er begleitet Kurz bei fast jeder Reise. Bürochefin bleibt Lisa Wieser. Sie gehen alle zusammen auch neben der Arbeit miteinander aus.

Während Kurz seinen Job als Außenminister genießt, gerät sein Förderer Spindelegger parteiintern unter Druck. Kurz beobachtet, wie alte Freunde Spindeleggers plötzlich Stimmung gegen ihn machen. Am Ende muss er als ÖVP-Chef und Finanzminister zurücktreten. So wie so viele seiner Vorgänger in der ÖVP. Er scheitert an einer Steuerreform, und wirft seinen Parteifreunden »Populismus« vor. Die mächtigen ÖVP-Landeshauptmänner hatten den Finanzminister zu Steuersenkungen gedrängt, doch Spindelegger lehnte angesichts der hohen Staatsschulden einen solchen Schritt ab.

Nachfolger in beiden Ämtern wird Reinhold Mitterlehner.

Bereits damals, im August 2014, war auch Kurz als Spindeleggers Nachfolger ins Spiel gebracht worden. Aber er winkt ab. Zu früh in die Innenpolitik zu gehen, so glaubt Kurz, sorgt für einen Einbruch bei den Popularitätswerten. Er dagegen will weiter auf der großen Bühne wirken. Keiner soll ihn in Verbindung bringen mit den schwierigen Fragen der Innenpolitik. Noch nicht.

Kurz inszeniert sich lieber mit Kerry und Lawrow bei den Iran-Verhandlungen. Die Verhandlungen werden in Wien am Ende zum erfolgreichen Abschluss gebracht.

Nur die Amerikaner hätten Kurz fast die Show kaputt gemacht. Weil Kerry sich beim Radfahren in Frankreich ein Bein bricht, drängt die Delegation darauf, die Gespräche nicht in Österreich, sondern in der Schweiz fortzusetzen. Kerry vertraue nur seinem Arzt in Genf, heißt es von der US-Seite. Aber Kurz und sein Team schaffen es, diesen Arzt nach Österreich zu bringen. Im Hotel »Imperial« residiert Kerry daraufhin wochenlang zusammen mit dem Arzt, der sein Bein weiter behandelt.

Die US-Delegation ist dennoch nicht zufrieden, beschwert sich über zu warme Räume, weil sie kalte Klimaanlagen in den USA gewöhnt sind. Und auch das Essen gefällt ihnen am Anfang nicht, es fehlt »Fast Food«. Aber am Ende seines Aufenthalts sagt Kerry: »Ich bin ein Wiener!«

Viele Österreicher sind begeistert über so viel Aufmerksamkeit für ihr Land. Und für Kurz bedeutet es einen weiteren Popularitätsschub, weil er auf fast allen Bildern mit den großen Staatschefs zu sehen ist.

Zu einem weiteren umstrittenen Politiker entwickelt er während der Iran-Gespräche ebenfalls einen besonderen Draht, und trifft ihn danach immer wieder. Irans Außenminister Mohammed Sarif schafft es, Kurz zu umgarnen, und ihn als Freund des Iran zu gewinnen. Zumindest wird über ihn so in den iranischen Medien berichtet.

Kurz lobt das Iran-Abkommen: »Ich glaube, dass das Abkommen eine Chance ist für mehr Stabilität in der Region«, sagt Kurz, »ich habe den Iran immer als Land erlebt, wo es sehr viele Menschen gibt, die eigentlich eine pro-westliche Grundhaltung haben, die ein Interesse an Europa, auch an den USA haben. Die Haltung zu Israel ist eine jenseitige, aber ich glaube, dass sich der Iran dann auch zum Positiven verändern kann, wenn er nicht in der internationalen Isolation ist und durch einen stärkeren Austausch auch eine positive Entwicklung im Iran zu ermöglichen.«

Wieder ist es der pragmatische Kurz, der die Drähte zum Iran nutzen will, und Kritik daran abschmettert. Obwohl es regelmäßig Aufrufe aus dem Iran zum Dschihad gegen Israel gibt.

Auch der von ihm so wohlwollend empfangene Sarif hat bereits mehrfach einen entsprechenden Aufruf verfasst. Darin heißt es: »Das zionistische Regime zu bekämpfen, obliegt der gesamten muslimischen Welt.« Kurz dagegen reist selbst in den Iran, wird sogar von Staatschef Hassan Rohani empfangen. Und lobt immer wieder den Atomdeal.

Dass er damit auch die Israelis gegen sich aufbringt, nimmt Kurz gelassen. »Sie haben sich in der Frage des Atomdeals nicht durchgesetzt. Das ändert aber ja nichts an meiner Haltung zu Israel und auch zum hundertprozentigen Verständnis für das Sicherheitsbedürfnis Israels.«

Die Österreicher bewerten Kurz erste Jahre als Außenminister positiv. Er hat keine großen Fehler gemacht, für viel Presse gesorgt, große Politiker nach Wien geholt. Er hat sich einen Namen gemacht. Und auch international findet er Beachtung. Deutsche Medien berichten erstaunt bis wohlwollend.

Die »FAZ« schreibt schon im Mai 2014: »In vielen österreichischen Medien wurde anfangs die Sorge verbreitet, dass sich ihr kleines Land mit dieser Personalentscheidung zum Zwerg machen würde. Doch machte Kurz mit seinen frischen, aber nicht unbesonnenen Auftritten diese Befürchtung zunichte. Die Skeptiker hatten auch nicht bedacht, dass die Währung, die international zählt, nicht in Lebensjahren gemessen wird, sondern im politischen Einfluss. Da nutzt Kurz die Möglichkeiten, die Österreich als Mitglied der EU und nun zufällig auch als amtierender Vorsitzender des Europarats hat.«

Tatsächlich sorgt der Vorsitz im Europarat von November 2013 bis Mai 2014 dafür, dass sich Kurz in der Ukraine-Krise mehr präsentieren kann, als es normalerweise für Minister kleiner Länder möglich ist.

Der »Spiegel« kommentiert im September 2014 mit überraschtem Unterton: »Kurz kokettiert gern damit, dass er nicht bis zum Ende seines Lebens in der Politik bleiben müsse, aber bislang gefällt ihm der Job. Er will die Position Österreichs in Europa stärken, er bezieht Stellung. Er befürwortet die Waffenlieferungen an die Kurden im Irak, er plädiert für humanitäre Hilfe im Gaza-Streifen. Er kritisiert den Türken Recep Tayyip Erdoğan. Er fordert, dass es keine Waffenlieferung der EU an Russland gebe. Er macht das kleine Österreich ziemlich groß.«

Die größte Krise und gleichzeitig der Beginn seiner großen internationalen Bekanntheit stehen Kurz aber zu diesem Zeitpunkt noch bevor. In der Flüchtlingskrise wird sich Kurz gegen SPÖ-Kanzler Faymann stellen. Und später auch gegen die deutsche Kanzlerin Angela Merkel. Es ist das entscheidende Kapitel im Leben des Außenministers Kurz und wohl auch das entscheidende Kapitel auf dem Weg zur Kanzlerschaft. Mehrfach riskiert Kurz alles. Und mehrfach wird er glauben, dass er an sein politisches Ende gekommen ist.

Kapitel 4

Die Flüchtlingskrise

Die Probleme der Welt kommen nach Europa

Der deutsche Außenminister hätte nie gedacht, dass Sebastian Kurz ihn einmal so enttäuschen würde. Dass ausgerechnet der Österreicher, mit dem er schon im Sommer beim Heurigen in Wien saß und entspannt Wein getrunken hatte, ihn so düpiert.

»Unglaublich«, raunt Steinmeier in seinem Büro am Werderschen Markt im Zentrum von Berlin, als er von Kurz' Plan erfährt. Er sitzt in einem der schweren Ledersessel, neben ihm sein Beraterstab. Es ist Mitte Februar 2016. Steinmeiers Truppe ist niedergeschlagen.

Gerade kam eine Meldung der Nachrichtenagentur »DPA« über die Ticker: In Wien soll am 24. Februar eine Westbalkan-Konferenz stattfinden, bei der die EU-Mitgliedsstaaten Bulgarien, Kroatien, Slowenien und Österreich als Gastgeber sowie die EU-Beitrittsbewerber Albanien, Bosnien-Herzegowina, Kosovo, Mazedonien, Montenegro und Serbien vertreten sind. Es ist der Showdown in der Flüchtlingskrise, die Europa seit mehr als einem halben Jahr in Atem hält.

Eine Krise, die die Politiker in Europa an ihre Grenzen bringt und aus dem aufstrebenden Sebastian Kurz endgültig den Mann machen wird, der später die Wahl in Österreich gewinnt.

Seine Kritiker sagen: Er hat seine Karriere auf Kosten von Flüchtlingen gemacht. Seine Befürworter sagen: Er ist ein Spitzenpolitiker, der gezeigt hat, dass es auch einen Kurs jenseits von Merkels »Alternativlosigkeit« gibt.

Ohne die Flüchtlingskrise und die Schließung der Balkan-Route, so sagen Unterstützer wie Kritiker gleichermaßen, wäre es für ihn in jedem Fall sehr viel schwieriger geworden, so schnell zum Regierungschef aufzusteigen.

Einige glauben sogar, dass er es ohne die Flüchtlingskrise gar nicht geschafft hätte, weil ihm dann das entscheidende Thema gefehlt hätte, mit dem er auf Stimmenfang hätte gehen können, und wieder andere sind fest davon überzeugt, dass Kurz mit der Schließung der Balkan-Route am Ende sogar Merkels Kanzlerschaft gerettet hat, weil Deutschland die vielen Tausend Flüchtlinge, die jeden Tag ins Land strömten, nicht mehr lange hätte aushalten können.

Fest steht in jedem Fall: Es sind historische Tage für Europa im Februar und März 2016.

Für Steinmeier ist die Tatsache, dass neben Griechenland auch Deutschland bei der Westbalkan-Konferenz nicht eingeladen ist, eine absolute Provokation. Er weiß sofort, was die Stunde geschlagen hat.

Seit Monaten hört der Außenminister, dass es in Österreich Pläne gibt, auf eigene Faust die Grenzen dicht zu machen. Von seinen Botschaftern auf dem Balkan hat Steinmeier erfahren, dass sich Österreich dort in Krisendiplomatie übt und die Regierungschefs auf seine Seite zu ziehen versucht, um die Balkan-Route zu schließen. Der Balkan ist wohl die einzige Region auf der Welt, in der Österreich größeren Einfluss hat. Kurz und die österreichische Innenministerin Johanna Mikl-Leitner (ÖVP) nutzen das jetzt aus. Und Steinmeier fühlt sich übergangen. Auch Kanzleramtschef Peter Altmaier ist außer sich. Er erinnert sich, wie Kurz und andere österreichische Politiker noch ein halbes Jahr zuvor Deutschland bedrängt hätten, die Grenzen nicht einfach auf Kosten Österreichs zu schließen, sogar ausdrücklich darum gebeten hätten, dies nur gemeinsam zu tun.

Österreichische Teilnehmer der Runde im Kanzleramt sagen dagegen, dass sie die gemeinsame Grenzschließungen schon immer wollten, Deutschland sich aber dagegen gesperrt habe. Jeder hat von diesen harten Wochen wohl eine ganz eigene Erinnerung.

In jedem Fall stellt sich die österreichische Regierung an diesem 24. Februar 2016 bei der Konferenz auch ganz offiziell gegen die deutsche Regierung und brüskiert all diejenigen, die im Hintergrund an anderen Lösungen arbeiten.

Sowohl Kanzlerin Merkel als auch Steinmeier versuchen in diesen Tagen, in Verhandlungen mit der Türkei endlich einen Deal zu erreichen. Der türkische Präsident sperrt sich zwar noch, aber die Deutschen haben Hoffnung. Erdoğan, so erzählen sie, sei kurz davor, sich auf einen Flüchtlingspakt einzulassen, da er unbedingt Finanzhilfen brauche und die mögliche Visa-Vereinfachung für seine Bürger vorantreiben wolle.

In Österreich dagegen spotten sie über Merkels Bemühungen. Unvergessen sind die Bilder von Merkel auf einem goldenen Thron neben Erdoğan bei einem Besuch im Yildiz-Palast in Istanbul im Oktober 2015. »Deutschland und die gesamte EU haben sich zum Büttel von Erdoğan gemacht und waren bereit, ihm alles zu geben«, sagt ein österreichischer Regierungsbeamter, der in den Runden auch im deutschen Kanzleramt dabei war, »gerade deshalb mussten wir zeigen, dass die EU auch noch allein agieren kann, und dabei nicht an Deutschland scheitert. Es ist doch absurd, dass alles gelähmt wurde, weil Merkel nur ihren Deal mit Erdoğan gesehen hat.«

Die deutsche Regierung ist vor allem deshalb so strikt gegen eine Schließung der Balkan-Route, weil man einen Rückstau der Flüchtlinge in Griechenland befürchtet. Die Griechen können diese Last nicht allein tragen, heißt es aus Deutschland. Deshalb, so der Plan, muss es erst einen Deal mit der Türkei geben, ansonsten komme es zu einer Katastrophe.

»Ihr könnt Griechenland nicht einfach im Stich lassen«, hatte Steinmeier immer wieder Kurz gewarnt, »Griechenland ist nach der Euro-Krise genug gebeutelt und wir können die Menschen nicht allein lassen.«

Aber Kurz ist wild entschlossen, seinen Plan zusammen mit Innenministerin Mikl-Leitner und den Balkanstaaten umzusetzen.

Als Kurz nach der Agenturmeldung über die Westbalkan-Konferenz bei Steinmeier anrufen lässt, reagiert der deutsche Außenminister schmallippig. »Wofür ruft ihr denn noch an?«, fragt Steinmeier, »ihr habt uns doch nicht einmal vorab informiert. Aber so wird das nicht funktionieren!«

Es ist die Kampfansage des Mannes, mit dem Kurz zuvor noch so stark verbunden war wie mit keinem anderen Außenminister. Steinmeier ist derart wütend, dass er sogar beim damaligen österreichischen Bundespräsidenten Heinz Fischer interveniert. Fischer ist ein Verbündeter von Steinmeier und bittet die gesamte Regierung noch am Abend zum Gespräch.

Kurz ist das Telefonat mit Steinmeier unangenehm. »Der war richtig wütend«, sagt er hinterher zu seinen Mitarbeitern.

Kurz ist aber vor allem mit sich selbst beschäftigt. Er weiß, dass es jetzt nicht allein um die Schließung der Grenzen und den Stopp des Flüchtlingsstroms geht. Es geht auch um seine politische Existenz. »Wenn es bei der Grenzschließung Gewalt gibt, wenn das nicht gut geht, dann wirst du politische Konsequenzen ziehen müssen«, sagt einer seiner engsten Berater zu ihm.

Sicherheitsbeamte aus Mazedonien haben bereits die schlimmsten Horrorszenarien zu Papier gebracht und sie an die österreichischen Behörden geschickt. Von ehemaligen ISIS-Kämpfern ist da die Rede, die zu allem bereit seien, wenn sie an den Grenzen gestoppt würden. »Ihr müsst euch darauf einstellen, dass das Militär am Ende die Menschen stoppen muss«, sagt ein Berater des mazedonischen Präsidenten.

Kurz ist nervös. Seit Monaten hatte er die Grenzschließung immer wieder gefordert und versucht, andere EU-Staaten davon zu überzeugen. Jetzt geht es um alles.

Kurz versteht das Argument, dass Griechenland nicht allein gelassen werden dürfe, er hält aber die Konsequenz der offenen Grenzen für noch gefährlicher. Und er setzt darauf, dass der Strom der Flüchtlinge nachlassen wird, wenn die Menschen sehen, dass es kein Durchkommen mehr gibt bis nach Westeuropa.

Diejenigen, die Kurz unterstützen, halten ihn für mutig und für jemanden, der für seine Überzeugungen kämpft. Diejenigen, die ihn kritisch betrachten, sehen in ihm einen Politiker, der in der Flüchtlingsfrage nur die eigenen Interessen im Auge hat, ganz nach dem Motto: Nach mir die Sintflut!

Kurz sieht die Schuld für die Situation aber auf keinen Fall bei sich selbst.

Bereits auf der Westbalkan-Konferenz Ende August 2015, zu der Steinmeier noch nach Wien eingeladen war, hatte Kurz sich über Griechenland geärgert. »Es ist beschämend, dass Griechenland als EU-Land die Flüchtlinge einfach ins benachbarte Nicht-EU-Land Mazedonien durchwinkt«, sagt Kurz damals. »Die EU muss über neue Wege im Asylverfahren nachdenken. Dazu können auch Möglichkeiten gehören, bereits im Heimatland der Flüchtlinge eine Asylprüfung vorzunehmen.«

Eine relativ absurde Vorstellung, wenn man bedenkt, dass viele dieser Menschen aus dem Krieg fliehen und ihr Land deshalb so schnell wie möglich verlassen wollen.

Steinmeier wehrt sich bei der Konferenz 2015 gegen jede Form von Grenzschließungen: »Wir sind keine Verfechter von Grenzzäunen. Wir glauben auch nicht, dass Grenzzäune am Ende das Thema Migration lösen werden«, sagt er.

Auffällig ist, dass Kurz sich bereits in dieser Zeit als Kritiker an der europäischen Flüchtlingspolitik klar positioniert. Allerdings stellte sich schon damals die Frage, was Griechenland mit den Hunderttausenden Flüchtlingen hätte tun sollen, die aus der Türkei auf die Inseln kamen, mitten in der Hochsaison des Griechenland-Tourismus. Dazu, wie Griechenland mit so einem Ansturm hätte umgehen sollen, sagt Kurz nichts.

Die Wahrheit ist wohl: Im Sommer 2015 ist es schon zu spät. Es rächt sich nun, dass die europäischen Politiker zu viele Jahre weggeschaut haben, als im Nahen Osten die Menschen vor Krieg und Elend flüchten müssen. Weil sich die Politiker nicht um die Probleme vor Ort gekümmert haben, sind die Probleme nach Europa gekommen.

Eine selbst verschuldete Krise?

Es ist das Ende des Jahres 2014, Europa ist vor allem mit der Ukraine-Krise beschäftigt, als in Kurz' Außenamt erstmals die Alarmglocken schrillen.

Migrationsforscher berichten von explodierenden Zahlen. Trotz der Winterzeit sind ungewöhnlich viele Menschen auf der Flüchtlingsroute unterwegs, Kriegsflüchtlinge aus Syrien und aus dem Irak, die über die Türkei nach Griechenland reisen.

In einer Depesche aus dem griechischen Außenministerium heißt es: »Wir sehen eine exorbitante Steigerung der Zahlen im Vergleich zum letzten Jahr. Insbesondere für die Jahreszeit ungewöhnlich.«

Verantwortlich dafür ist nicht zuletzt auch die Kürzung der Lebensmittelhilfe für syrische Bügerkriegsflüchtlinge innerhalb und außerhalb des Landes. Die Vereinten Nationen beginnen Ende Dezember damit, die Hilfsleistungen um 40 Prozent zu reduzieren, weil das Welternährungsprogramm in massiven finanziellen Schwierigkeiten steckt.

Die Warnung der Vereinten Nationen nimmt damals kaum jemand wahr. Zwar ist in der Pressemitteilung von »schrecklichen Auswirkungen« und einem »Desaster« die Rede, aber in Europa gibt es darüber keine politische Diskussion. António Guterres, damals UN-Flüchtlingskommissar, wird später sagen, dass die Kürzung der Mittel ein »humanitärer Skandal« und der wahre Auslöser für die vielen Flüchtlinge aus dem Nahen Osten sei.

Die Hilfsprogramme der UNO finanzieren sich überwiegend aus freiwilligen Zuwendungen von Geberstaaten und sind daher vor allem auch auf private Spender angewiesen. Nach Ausbruch des Syrien-Krieges 2011 gibt es noch genügend Spenden für das Programm, aber schon 2013 lassen die Gelder aus Europa extrem nach. Als die zugesagte Hilfe 2014 auch aus den Golfstaaten ausbleibt, stoppen die UN das Lebensmittelprogramm für kurze Zeit.

Durch Druck und Warnungen vor humanitären Katastrophen kommen zwar noch einmal zusätzliche Mittel zusammen, aber das Programm wird bereits massiv gekürzt. Eine Flüchtlingsfamilie bekommt pro Mitglied im Monat nur noch 28 Dollar, Mitte 2014 wird noch einmal gekürzt. Die Bedürftigen erhalten 14 Dollar, die anderen nur noch sieben Dollar. In einigen Flüchtlingslagern wie in Zaatari in Jordanien werden die Gelder sogar komplett gestrichen.

Auch in Österreich gibt es Diskussionen über mangelnde Zahlungen an das UN World Food Programm. Mitte des Jahres 2015 sind noch nicht einmal die versprochenen 1,5 Millionen Euro überwiesen, die vorab zugesagt waren. Die Grünen machen Außenminister Kurz dafür verantwortlich. Das Außenamt wehrt sich gegen die Darstellung.

Aber es sind nicht nur die Flüchtlinge aus dem Nahen Osten, die den Regierungen in Europa Sorgen bereiten.

Am 3. Februar 2015 schickt der Ständige Vertreter des deutschen Botschafters im Kosovo seinen Kabelbericht an die Zentrale des Auswärtigen Amtes in Berlin ab, berichtet die »BILD am Sonntag«: »Betr.: Auswanderung von Kosovaren nimmt dramatisch zu«. Diesen bekommt auch das österreichische Außenamt in die Hände. Der Kosovo stehe vor einem »Massenexodus«, heißt es. Bis zu 300 000 Menschen könnten sich binnen eines Jahres über Ungarn und Österreich vor allem nach Deutschland aufmachen. Es habe sich herumgesprochen, dass »sich ein Asylantrag in Anbetracht der Sozialleistungen auf jeden Fall rechnet und einige Monate gutes Auskommen sichert«.

Tatsächlich stammen im ersten Halbjahr 2015 knapp 45 Prozent aller Flüchtlinge und Migranten, die Richtung Deutschland kommen, aus sechs Staaten des Westbalkans.

Aus Albanien meldet der österreichische Botschafter, dass Massen von Menschen in der Hoffnung auf ein besseres Leben einfach fliehen, bei ihnen gebe es zwar keinen Krieg, aber hohe Arbeitslosigkeit und Diskriminierung.

Die Geschichten, die die Schlepper unter den Flüchtlingen verbreiten, tun hier ihr Übriges. Sie versprechen den Menschen, die nur noch weg wollen, das Paradies auf Erden. Für jeden Neuankömmling in Deutschland gebe es ein Haus, dazu einen garantierten Job und Bonus-Zahlungen. Zu viele Menschen glauben den Lügen der Kriminellen.

Es ist eine Situation, wie sie die Region seit dem Jugoslawien-Krieg nicht mehr erlebt hat.

In einem weiteren Kabelbericht heißt es, dass völlig unklar sei, wie viele Menschen sich noch auf den Weg machen würden. »Die wirtschaftliche Situation sorgt dafür, dass sich immer mehr Menschen an den Flüchtenden orientieren, von denen die meisten nach Deutschland wollen. Ihnen wird berichtet, dass das dortige Sozialsystem dafür geeignet ist, die Familien zu ernähren.« Gleichzeitig warnt »Amnesty International« vor der Situation in zahlreichen Balkan-Staaten und berichtet von Polizeiwillkür, Misshandlungen und massiver Korruption.

Kurz ist alarmiert, als er die Berichte liest. Wöchentlich telefoniert er mit den Botschaften auf dem Balkan, aber auch im Nahen Osten. Und er lädt Migrationsforscher ins Ministerium ein, mit denen er schon als Staatssekretär zusammengearbeitet hat. Sie alle sagen ihm das Gleiche: Es könnten Millionen im Jahr 2015 nach Europa strömen!

»Als bei uns die Asylzahlen für die kalte Jahreszeit extrem hoch waren, hat das bei uns dazu geführt, dass wir mehr und mehr das Gefühl bekamen, dass da ein enormer Anstieg drohen könnte. Wir haben schon lange, bevor es eine mediale Diskussion gab, zusammen mit der Innenministerin vor dieser Entwicklung gewarnt und das auch im Ministerrat angesprochen. Wir waren da zwar zu zweit, aber in Wahrheit allein«, sagt Kurz.

Kritiker wundern sich dagegen, warum von Kurz in dieser Zeit nichts zu dem Problem öffentlich zu hören war, wenn er denn alles vorausgesehen habe. »Wenn er das Problem vorhergesehen hat: Warum hat es Kurz nicht geschafft, daraus eine Debatte zu machen?«, fragt ein Politiker, der damals dabei war.

Wieder werfen Kurz' Kritiker ihm vor, seine Meinung im Lauf der Jahre geändert zu haben. Immer angepasst an die mediale Stimmung. Als er Staatssekretär im Integrationsministerium wurde, habe er eine »Willkommenspolitik« gefordert, mit der Flüchtlingskrise habe er dann eine neue Stimmung wahrgenommen und seine Statements angepasst.

»Er hat früh gespürt, dass das Ausländerthema groß werden wird, weil er ja auch von Anfang an mit den Integrationsthemen vertraut war und gemerkt hat, wie sehr das die Menschen bewegt«, sagt ein Politiker, der in den Ministerrunden dabei war.

Das Argument der Kritiker, dass Kurz sich einer Stimmung angepasst habe, trifft aber nicht auf den Beginn der Krise zu. Seine ablehnende Haltung hilft Kurz da nicht. Er fühlt sich ungehört.

»Ich kann mich an einen Satz erinnern in den Sitzungen, dass die Innenministerin ermahnt wurde, dass sie mit ihren Ressortproblemen nicht ständig alle anderen belästigen solle«, sagt Kurz. »Dabei haben wir nur versucht, innerhalb der Regierung ein Bewusstsein zu schaffen, dass da wahrscheinlich Dramatisches auf uns zukommt.«

Es sind andere Probleme, die ganz Europa Ende 2014 und zu Beginn des Jahres 2015 ablenken. In Griechenland kommt der linksradikale Alexis Tsipras an die Macht, der damit droht, alle Rettungspakete aufzukündigen. Der griechische Ministerpräsident verlangt den Schuldenschnitt. In den Monaten danach stehen das Euro-Aus Griechenlands und die Rückkehr zur Drachme immer wieder zur Diskussion. Dieses Thema ist neben der Ukraine-Krise schnell auch medial so groß, dass international kaum mehr über etwas anderes berichtet wird. Merkel fokussiert sich auf die Lösung der Griechenland-Krise.

Als Reporter bin ich 2015 das erste Mal im April auf der griechischen Insel Rhodos, als drei Flüchtlinge vor der Insel ertrinken, ihr Boot sinkt. Das Foto von dem Fischer Babis Manias, wie er einen toten Jungen auf den Armen trägt, geht um die Welt. Es ist ein Bild, das ein ganzes Drama in einem Augenblick erzählt. »Als ich in die Bucht kam, hörte ich schon von

Weitem die Menschen schreien. Immer lauter, immer verzweifelter«, erzählt Babis Manias, »Ich sah, wie das Flüchtlingsboot zerbrach, nur wenige konnten schwimmen. Als sie mir den Jungen reichten, merkte ich sofort, dass er tot ist.«

Die Flüchtlingskrise wird für alle offensichtlich, ungewöhnlich viele Boote versuchen die Überfahrt, aber in Europa verschließen trotzdem immer noch die Politiker die Augen.

Erst nachdem Tsipras sich im Juli nach dramatischen Monaten den anderen EU-Staaten fügt und ein neues Sparprogramm unterschreibt, verschiebt sich auch in den Medien die Themenlage. Kaum ist die Griechenland-Krise vorbei, ist die Flüchtlingskrise so präsent wie nie.

Es sind die Bilder von immer mehr Schlauchbooten, die jetzt an den griechischen Inseln Kos, Lesbos und Rhodos ankommen, die die Politiker in der EU nicht mehr ignorieren können. Die Fähren von den griechischen Inseln zum Festland sind überfüllt – aber nicht mit Touristen, sondern mit Flüchtlingen.

Von Athen geht es weiter mit dem Bus nach Thessaloniki in Nordgriechenland. Von dort über Mazedonien, Serbien, Ungarn nach Österreich oder Deutschland. Wer schnell ist, schafft es in knapp einer Woche.

Bayerns Ministerpräsident Horst Seehofer warnt Kanzlerin Merkel erstmals bei den Bayreuther Festspielen im Juli 2015, dass dringend etwas passieren müsse in der Flüchtlingsfrage. »Die Flüchtlinge laufen von Österreich einfach Richtung Bayerns Autobahnen, das kann so nicht weitergehen«, sagt Seehofer.

Aber noch ist die Kritik zurückhaltend formuliert, auch wenn immer mehr europäische Politiker nervös werden.

Kanzlerin Angela Merkel sagt bei ihren ersten Auftritten zur Flüchtlingskrise immer das Gleiche: Die Flüchtlinge müssten fair verteilt werden zwischen den Mitgliedsstaaten. »Wir sind eine Europäische Union, die die gleichen Werte vertritt, die eine gemeinsame Asylpolitik hat, die sich für offene Grenzen zwischen den Mitgliedsstaaten eingesetzt hat«, so Merkel noch im August 2015 in Brüssel. »Deutschland kann diese Aufgabe nicht schultern, wir brauchen eine faire Verteilung der Flüchtlinge in den Mitgliedsländern.«

Österreichs Außenminister gehört ebenso wie die Vertreter einiger osteuropäischer Staaten, etwa Polen und Ungarn, zu den ersten Kritikern Merkels in der Flüchtlingsfrage. Und damit stellt Kurz sich auch gleichzeitig gegen den SPÖ-Kanzler Faymann, der sich als engster Partner von Merkel präsentiert.

»Ich habe damals früh gewagt zu sagen, dass wir durch die Verteilung das Problem nicht lösen werden«, sagt Kurz. »Und ich habe gesagt: Die Frage, die sich für uns stellt, muss sein: Wie können wir vor Ort besser helfen, sodass die Menschen gar nicht erst zu uns kommen? Das hat dann blankes Entsetzen bei den Regierungskollegen ausgelöst, die mich als Menschenfeind und Rechtsradikalen hingestellt haben.«

Allerdings ist klar, dass die Hilfe vor Ort zum damaligen Zeitpunkt bereits zu spät kommt. Die Flüchtlinge sind längst auf dem Weg. Und wie sollten sie sich auch aufhalten lassen?

Der mörderische Regime von Syriens Präsident Bashar al Assad bekämpft das eigene Volk mit grausamsten Mitteln. Setzt Fassbomben ein gegen die Bevölkerung. Lässt Schulen und Krankenhäuser bombardieren. Es ist der brutalste Krieg, den die Welt in den vergangenen Jahren gesehen hat. Neben Fassbomben kommen auch bunkerbrechende Bomben und Brandbomben zum Einsatz. Es ist die Hinrichtung des eigenen Volkes.

Und es sind eben nicht nur Männer, die in diesen Wochen aus Syrien fliehen.

Westliche Politiker, darunter auch Kurz, fallen vor allem damit auf, dass sie sich zurückhalten mit Kritik an Assad, sie setzen auf eine »Lösung vor Ort«, Verhandlungen zwischen Rebellen und Regime, eine für Beobachter schon damals eher unrealistische Vorstellung.

Assad dagegen schafft Fakten, setzt ungestraft Chemiewaffen ein, hat nur das eine Ziel vor Augen: Sein Regime zu retten, egal, was es an Menschenleben kostet.

Die russische Regierung kommt Diktator Assad und seinen Truppen 2015 zu Hilfe. Insbesondere um die Stadt Aleppo im Norden Syriens bricht eine erbitterte Schlacht aus. Hunderttausende Menschen sterben bis heute, getötet auch durch die Bomben des russischen Regimes. Es ist ein Regime, mit dessen Außenminister Lawrow sich Sebastian Kurz gut versteht.

Harte Kritik an Russland hört man zu diesem Zeitpunkt ebenfalls nicht von ihm. Im Gegenteil, er spricht sich Monate später immer wieder für eine Lockerung der Sanktionen aus, die im Zuge der Ukraine-Krise gegen Russland verhängt wurden. Ganz anders als Kanzlerin Merkel, die immer darauf pocht, die Sanktionen gegen Moskau beizubehalten, und die auch schon früh Präsident Wladimir Putin scharf dafür kritisiert, dass er Assad unterstützt.

Ein Tweet und seine Folgen

Während Kurz das russische Regime auffallend schont, hält er sich mit Kritik an Merkel von Anfang an nicht zurück.

Aber es ist dann vor allem ein Tweet beim Kurznachrichtendienst Twitter, der das Fass zum Überlaufen bringt. Am 23. August 2015 wird plötzlich die kurz zuvor erlassene, interne »Dienstanweisung 93605/Syrien/2015« des Bundesamts für Migration und Flüchtlinge (BAMF) mit dem Titel: »Verfahrensregeln zur Aussetzung des Dublin-Verfahrens für syrische Staatsangehörige« veröffentlicht. Das bedeutet: Auch unregistrierte Syrer werden in Deutschland akzeptiert, weil sie zu fast 100 Prozent als Kriegsflüchtlinge anerkannt werden. Das Papier, das eigentlich nicht für die Öffentlichkeit bestimmt war, landet bei der Hilfsorganisation »Pro Asyl« im E-Mail-Postfach und so auch bei Journalisten.

Die BAMF-Sprecherin will die Verfahrensänderung am 25. August schließlich ebenfalls twittern, um möglichst viele Journalisten zu erreichen. Am Mittag setzt sie nach Zustimmung ihres Vorgesetzten den Tweet ab: »#Dublin-Verfahren syrischer Staatsangehöriger werden zum gegenwärtigen Zeitpunkt von uns weitestgehend faktisch nicht weiter verfolgt.« Auf Nachfrage von Twitter-Nutzern, ob das nur für Syrer gelte, die schon da seien, antwortet die Behörde auf Englisch, dass die Entscheidung an kein bestimmtes Einreisedatum gebunden sei.

Als ein Mitarbeiter von Kurz seinem Minister den Tweet aus Deutschland kurze Zeit später vorlegt, kann dieser es kaum glauben. »Wir waren komplett fassungslos, weil die Nachricht ja bedeutet: Jeder Syrer hat das Recht auf ein Verfahren in Deutschland und Dublin ist außer Kraft. Die haben die Wucht dieser Nachricht damals gar nicht verstanden«, sagt er.

Kurz und seine Leute nehmen sofort Kontakt mit dem Außen- und Innenministerium in Deutschland auf. Aus den Behörden bekommen sie zu hören, dass die Ministeriumsmitarbeiter den Tweet jetzt zwar auch als einen Fehler ansähen, aber nicht mehr widersprechen wollten, weil die Nachricht bei der Bevölkerung gut angekommen sei.

Der Tweet verbreitet sich wie ein Lauffeuer. Der syrische Dichter Lukman Derky feiert Kanzlerin Merkel im Netz mit Liebesbotschaften, viele Syrer schließen sich mit »Wir lieben Merkel«-Nachrichten in den sozialen Diensten zusammen.

Die Sicherheitsbehörden in Österreich registrieren schnell, dass die Nachricht wie ein Verstärkter wirkt. Vor allem für die Flüchtlinge, die noch in Ungarn warten. Denn wer wollte, konnte aus dem Satz die Information herauslesen, dass für Syrer das Dublin-Abkommen nicht mehr gilt.

Das Image des weltoffenen Deutschlands, das bereit ist, alle Flüchtlinge aufzunehmen, verbreitet sich in der Welt. »Das ist, was uns so sehr geärgert hat«, sagt ein Mitarbeiter von Kurz, »dass die deutsche Regierung die Kommunikation im 21. Jahrhundert so unterschätzt hat und dass die Politiker die Symbole falsch eingeschätzt haben.«

Die Geschichte nimmt in den sozialen Netzwerken mehr und mehr an Fahrt auf und dreht sich dadurch immer weiter. In Whatsapp-Gruppen für Flüchtlinge macht die Botschaft die Runde, dass in Deutschland das Paradies warte. Wieder wird das Märchen von Häusern und Bonuszahlungen verbreitet. Es sind erfundene Geschichten, die durch die sozialen Medien ein Millionenpublikum erreichen.

»Wir waren der Meinung, dass das eine unglaubliche Wirkung bei Menschen auf der ganzen Welt auslösen kann«, sagt Kurz. »Das war einfach der völlige Wahnsinn, was durch diesen Tweet angestoßen wurde.«

Der deutsche Innenminister Thomas de Maiziere versucht eine Schadensbegrenzung auf einer Pressekonferenz. »Das ist aber kein sozusagen rechtlich bindender Akt – keine Vorgabe, keine Aussetzung von Dublin – vielmehr ist es Leitlinie, Richtlinie für die Verwaltungspraxis«, sagt de Maizière.

Aber es ist bereits völlig egal, was de Maizière sagt. Die Nachricht hat sich längst verbreitet.

In der Ecke der Hardliner

Heute sehen auch viele deutsche Politiker den Tweet als ein Missgeschick, und auch im deutschen Kanzleramt ist man davon überzeugt, dass es ein Fehler war.

Aber die Stimmung damals steht gegen Kurz. Auch in Österreich. Werner Faymann, dem sozialdemokratischen Kanzler, gefällt seine neue Rolle. Österreichs Kanzler war in den vergangenen Jahren von Merkel noch nie so hofiert worden, noch nie war er so wichtig für sie. Und auch die österreichischen Medien stehen auf Faymanns Seite. Selbst die in Ausländerfragen sonst sehr kritische »Kronen Zeitung« feiert Faymann und die Regierung für ihre Diplomatie.

»Der Grenzbalken muss aufbleiben für die Menschlichkeit«, sagt Faymann Anfang September 2015 in der »Krone«. Und in Richtung Ungarn, die die Flüchtlinge durch einen Zaun stoppen wollen: »Ein Stacheldraht ist keine Empfangsstelle für Menschen, die um ihr Leben fürchten.« Die Worte kommen an bei der österreichischen Bevölkerung. Faymann, der mittlerweile im siebten Jahr Kanzler ist, steigt plötzlich wieder in der Beliebtheit des Wahlvolks.

Kurz dagegen sagt nichts Mitfühlendes, das die Zeitungen groß aufgreifen könnten. Er orientiert sich eher an denjenigen, denen fast ganz Europa eine eiskalte und menschenverachtende Politik vorwerfen: Ungarn. Immer mehr Menschen in Österreich unterstellen ihm mangelndes Mitgefühl. Plötzlich ist er der junge, kalte Bubi-Minister, der keine Gefühle zeigt und den Kriegsflüchtlingen nicht helfen will. Es ist eine Kritik, die mehr an ihm nagt, als er in den Septembertagen 2015 zugibt. »Das hat ihn schon sehr mitgenommen, dass er da in so eine Ecke gestellt wurde«, sagt ein Vertrauter.

Kurz, der in den Monaten zuvor fast jeden Tag für eine große Geschichte in den österreichischen Medien tauglich war, weil er als jüngster Außenminister durch die Welt reiste, muss sich immer wieder erklären. »Ich wurde aufgefordert, es genauso zu machen wie Merkel und Faymann und eine Willkommenspolitik zu zeigen«, erinnert er sich. »Und für meine Haltung, dass es so nicht weitergehen kann, musste ich mich ständig rechtfertigen und hatte dabei immer das Gefühl der moralischen Unterlegenheit.«

Auch international bekommt Kurz Druck. Besonders aus Deutschland, Schweden und Griechenland. Seine ablehnenden Kommentare zur Verteilung der Flüchtlinge in Europa nehmen die anderen Außenminister ihm übel.

Ein Berater des griechischen Außenministers Nikos Kotzias sagt im kleinen Kreis in Brüssel, dass Kurz für ihn das Sinnbild eines egomanischen Politikers sei: »Ihn interessiert es einfach überhaupt gar nicht, wie es den Menschen geht, die ihn nicht wählen können. Ihn interessiert es nicht, wie es den Kriegsflüchtlingen aus Syrien geht. Und ihn interessiert es auch nicht, ob Griechenland unter der Last der Flüchtlinge zusammenbricht. So ignorant kann man wohl nur in diesem jungen Alter sein.«

Es ist das erste Mal, dass in Brüssel so offen Stimmung gegen Kurz gemacht wird. »Mir wurde immer wieder gesagt, dass das alles alternativlos ist, und der Stopp, den ich fordere, menschenverachtend«, erinnert sich Kurz. »Ich habe versucht aus Integrationssicht zu argumentieren: Dass das Problem nicht ist, ein paar Menschen unterzubringen, sondern dass all diese Menschen bleiben werden, ganz unabhängig, wie sich die Situation in ihrem Herkunftsland entwickelt. Aber das ist damals alles nicht ernst genommen worden.«

Es sind die Lebensgeschichten von Syrern wie Feras, die die Menschen im Sommer 2015 bewegen. Als Reporter treffe ich den damals 22-Jährigen auf Kos in Griechenland, nachdem er die Überfahrt im Schlauchboot geschafft hat. Das, was er aus Syrien zu erzählen hat, lässt einen schaudern:

Eine Granate schlägt nachts in seinem Haus in Aleppo ein, Feras wird im Bett durch den Raum geschleudert, seine Mutter bricht in Tränen aus. Und für ihn steht nur noch fest: Ich muss raus aus Syrien, rein ins sichere Europa. »Ich habe so viele Menschen durch den Krieg verloren, dass ich mich von meiner Familie und meinen Freunden bei jedem Treffen so verabschiedet habe, als wäre es das letzte Mal«, sagt Feras. Er verkauft alles, was er hat, sein Auto, seine Klamotten, fährt nach Beirut, dann weiter in die Türkei. Die Verabredung mit den Schmugglern erfolgt per Handy, über Whatsapp geben sie ihre Position durch. Zum Treffen kommen sie bewaffnet. 1200 Euro wollen sie für die Überfahrt – pro Person. Auf Kos angekommen, suchen sie auf den Smartphones nach der schnellsten Route Richtung Deutschland.

Sebastian Kurz versteht schneller als andere, was die Kommunikation über Facebook und Whatsapp in dieser Krise bedeutet. Auch in seinem Ministerium, in dem viele junge Mitarbeiter sitzen, ist für alle klar, dass die vielen Smartphones eine Gefahr bedeuten. Eine Gefahr für sie, die noch mehr Flüchtlinge in Europa verhindern wollen.

»Vielleicht ist es eine Generationsfrage«, sagt Kurz, »aber für mich war es sofort klar, als ich die Menschen mit den Smartphones gesehen habe, dass wir kommunikativ dagegenhalten müssen. Der Tweet über die Aussetzung des Dublin-Verfahrens hat sich millionenfach verbreitet. Genau das hätten wir verhindern müssen, genauso wie Selfies mit Flüchtlingen. Wir hätten dagegen klarer sagen müssen: Wenn ihr sicher in einem Flüchtlingslager in der Türkei oder im Libanon seid, dann bleibt dort!«

Kurz kämpft mittlerweile schärfer für seine Linie, er wird immer lauter in der Kritik. »Ich habe gefordert, dass wir an der Grenze Blitzverfahren durchführen sollten, um zu belegen, dass diese Menschen aus Ungarn, Serbien und Kroatien kommen, in denen sie schon in Sicherheit waren. Und dass das nichts mehr mit der Suche nach Schutz zu tun hat. Das war damals ein massiver Tabubruch und hat mir unendlich harsche Kritik eingebracht, aber das ist das, worum es am Ende geht. Nämlich dass in dieser Phase die Suche nach Schutz und die Suche nach besserem Leben total verschwommen ist.«

Die Abneigung gegen Kurz, immer häufiger auch blanker Hass, nimmt vor allem auf Twitter zu. Sie nennen ihn hier den gnadenlosen Karrieristen, der auf Kosten von Flüchtlingen Wahlkampf macht. Sie nennen ihnen einen »menschenverachtenden Zyniker«. Oder einen »Hetzer«, der von Menschenrechten noch nie etwas gehört hat.

Und Kurz liest, was die Menschen schreiben, denn er bedient häufig Twitter selbst und scrollt durch die Nennungen.

»Natürlich war das alles andere als angenehm für mich«, sagt er. »Aber ich habe zum Glück ein stabiles privates Umfeld, die mich Gott sei Dank sehr unterstützen und nie in das eine oder andere Extrem kippen. Das sind gute Freunde, die niemals in überschwängliches Lob oder Begeisterung kippen, die aber genauso wenig mich jetzt als Mensch infrage stellen aufgrund von politischen Äußerungen oder Entscheidungen. Mich haben vor allem die extremen Meinungen gestört. Entweder jemand ist menschlich beeindruckend, weil er Flüchtlingen am Bahnhof die Hand schüttelt. Oder ein eiskalter Menschenfeind, wenn er das nicht tut.«

Es sind die härtesten politischen Tage seines Lebens. Mutter Elisabeth Kurz leidet mit ihrem Sohn. »Es ist eben ein Riesenunterschied, ob man jemandem hilft oder ob man als Minister überlegen muss und für das ganze Land zuständig ist. Als ich ihn in den Interviews im Fernsehen gesehen habe, da dachte ich: Ja, der Sebastian hat recht, aber ich hätte mich wahrscheinlich nicht getraut, es schon so früh so klar zu sagen.«

Politisch ist die Situation für Kurz jedoch recht komfortabel. Er kann bei allem mitreden, aber am Ende ist es SPÖ-Kanzler Werner Faymann, der für die Flüchtlingspolitik steht – und besonders im Kontakt mit Ungarns Ministerpräsident Viktor Orbán schnell an seine Grenzen stößt.

Ungarn ist das Land, in das Kurz die Flüchtlinge am liebsten sofort zurückschicken würde. Der ungarische Botschafter ist in diesen Wochen Dauergast im österreichischen Außenministerium. Und Kurz macht keinen Hehl aus seinem Verständnis für Ungarn. Dabei ist es Orbán und seine Regierung, die in diesen Wochen das hässliche Gesicht Europas zeigen.

»Wir schaffen das!«?

Als der syrische Flüchtling Feras Anfang September nach zehn Tagen Marsch durch Europa in Budapest ankommt, sieht er überall bedrückende Zustände, insbesondere am Hauptbahnhof, von wo es für die Flüchtlinge weitergehen soll. Ich habe ihn auf seinem Weg von Kos weiter Richtung Deutschland als Reporter begleitet. Die Zustände, die in Ungarn herrschen, gehören zu den schlimmsten auf der gesamten Strecke. Schreiende Kinder, weinende Frauen, überall Gestank. Die hygienischen Zustände sind miserabel. Alle sehen, dass hier eine Katastrophe droht. Aber Orbán schreitet zunächst nicht ein, er will die Bilder für sich nutzen.

Die Szenen sind dramatisch, sobald die Züge einrollen, mit denen die Flüchtlinge weiterkommen wollen. Die Kleinsten werden an die Absperrgitter gedrückt, verlieren ihre Eltern, schreien. Monatelang sind sie Hand in Hand gelaufen, haben den gefährlichen Weg von Syrien oder dem Irak bis hierher geschafft. Und jetzt werden sie weggedrängelt und weggeschubst.

Viele österreichische Bürger können diese Szenen nicht ertragen. Sie fahren mit ihren privaten Autos nach Budapest und holen Flüchtlinge nach Wien. Orbáns Polizisten lassen einige als Schmuggler vorübergehend sogar festnehmen. Die Empörung in Österreich ist groß.

Es sind diese Bilder und Szenen, tagtäglich übertragen von den österreichischen Fernsehsendern, die Kurz zu einem Hardliner machen. Die Menschen haben Mitleid mit den Flüchtlingen in Not. Und sie können nicht verstehen, dass ein Politiker so kühl scheint.

Und doch bleibt Kurz hart. Auch dann noch, als Ende August 2015 auf dem Weg von Ungarn nach Österreich 71 Flüchtlinge in einem LKW ersticken.

»Das war eine unglaubliche Tragödie, die aber doch noch mehr zeigte, dass wir das so nicht länger hinnehmen konnten«, sagt Kurz. »Ich fand es unglaublich, dass Kriminelle auf Kosten dieser Menschen ihre Geschäfte gemacht haben und wir sie einfach haben weitermachen lassen.«

Während Kurz insbesondere bei Twitter weiter massiv für seine Position angefeindet wird, gibt Kanzlerin Angela Merkel am 31. August 2015 in Berlin eine Pressekonferenz und verkündet: »Wir schaffen das!« Es ist ihre Antwort auf die Kritik, dass Deutschland das Flüchtlings-Chaos nicht im Griff habe.

Merkel hält in jedem Jahr vor der Sommerpause eine traditionelle Abschluss-Pressekonferenz. In diesem Jahr geht es ausschließlich um die Flüchtlingskrise.

»Die Bewältigung des Flüchtlingsproblems ist eine nationale Aufgabe, die jeden angeht und die längere Zeit brauchen wird. Jeder trägt seinen Anteil dazu bei – derzeit ist der Umfang noch nicht abschließend abzusehen«, sagt Merkel. »Ich sage ganz einfach: Deutschland ist ein starkes Land. Das Motiv, mit dem wir an diese Dinge herangehen, muss sein: Wir haben so viel geschafft – wir schaffen das! Wir schaffen das, und dort, wo uns etwas im Wege steht, muss es überwunden werden, muss daran gearbeitet werden. Der Bund wird alles in seiner Macht

Stehende tun – zusammen mit den Ländern, zusammen mit den Kommunen – um genau das durchzusetzen.«

Auch die europäische Verantwortung spricht Merkel in ihrer Rede an. »Es gibt dann die europäische Dimension, und hier glaube ich, dass wir schon sagen dürfen: Europa als Ganzes muss sich bewegen. Die Staaten müssen die Verantwortung für asylbegehrende Flüchtlinge teilen. Die universellen Bürgerrechte waren bislang eng mit Europa und seiner Geschichte verbunden. Versagt Europa in der Flüchtlingsfrage, geht diese enge Bindung mit den universellen Bürgerrechten kaputt.«

Die Pressekonferenz von Merkel geht in die Geschichte ein. Für Befürworter Merkels zeigen ihre Worte die vorbildliche Politik der Kanzlerin. Für ihre Kritiker ist es die endgültige Bestätigung, dass sie den Bezug zur Realität verloren hat. Aber der Satz »Wir schaffen das!« sorgt zunächst auch für Druck auf österreichische Politiker. Und hier steht wieder der Bahnhof in Ungarn im Zentrum.

Nachdem die Flüchtlinge eine Zeit lang in die Züge nach Österreich und Deutschland gelassen wurden, riegelt die ungarische Polizei die Bahnsteige nun wieder ab. Die Flüchtlinge werden misstrauisch. Sie folgen den Anweisungen nicht mehr, sie ketten sich an die Gleise oder weigern sich, in Busse einzusteigen – immer aus Angst, in ein Lager gebracht zu werden.

Dann schlagen die Ungarn Alarm: Eine große Gruppe von Flüchtlingen hat sich am 4. September 2015 zu Fuß auf den Weg Richtung Österreich gemacht, auf der Autobahn. Die ungarische Regierung schickt eine »Verbalnote«, eine diplomatische Mitteilung unter Staaten, an das Außenministerium in Wien. In dem Schreiben heißt es wörtlich: »Beinahe 1000« Flüchtlinge seien auf dem Weg.

Beim EU-Außenministertreffen in Luxemburg sitzen derweil Sebastian Kurz und Ungarns Außenminister Péter Szijjártó zusammen. Der ungarische Kollege macht Kurz klar, dass es für sein Land nur zwei Möglichkeiten gibt: Entweder man lässt die Flüchtlinge durch bis Österreich und Deutschland oder man stoppt sie. Aber wenn Ungarn die Flüchtlinge stoppe, wolle man hinterher nicht kritisiert werden.

Kurz ruft sofort Faymann an. Er kann die Entscheidung, wie eigentlich immer in diesen Tagen, weiterreichen. Er selbst versteht die Position Ungarns. Erst am Abend des 4. September erreicht Merkel den österreichischen Kanzler. Die beiden beschließen, die Flüchtlinge aus Ungarn aufzunehmen, erst einmal ohne Kontrollen, ohne vollständige Registrierung. Alles andere würde Europa Schande machen, finden sie, moralisch wie politisch.

In Presseerklärungen und TV-Statements ist hinterher von »einmalig« und »Ausnahme« die Rede. Für Kurz ist klar, dass es nicht beim Ausnahmefall bleiben wird. »Wir waren uns immer einig, dass das nicht funktionieren kann, und wir haben natürlich gewusst, dass so ein Kurs danach kaum noch zu kontrollieren ist.«

Wieder sind es die Bilder, die via Facebook und Whatsapp in Sekundenschnelle Millionen erreichen, über die der Außenminister nachdenkt. »Das war erneut ein Zeichen für viele Menschen aufzubrechen, das ist doch klar, und ich finde es auch total menschlich für jeden Einzelnen. Aber mir war eben klar: Das kann nicht gut gehen.«

Faymann dagegen macht kurze Zeit nach der Grenzöffnung Anfang September einen symbolischen Besuch in Berlin und gibt zusammen mit Merkel eine Pressekonferenz. Er spricht über die Werte der Europäischen Union und die Tatsache, dass die EU erst jüngst einen Friedensnobelpreis bekommen habe. »In dieser Nacht standen wir vor der Frage: Redet man jetzt über die Versäumnisse Ungarns und Griechenlands im Umgang mit den Flüchtlingen und über den Krieg in Syrien? Oder helfen wir den Menschen, die schon lange nichts mehr zum Essen hatten, die losmarschiert sind, die Angst bekommen hatten, auf ihrem Weg überhaupt keine Freiheit und Schutz mehr zu finden. Andere Politiker berufen dann Arbeitskreise ein und denken viel darüber nach, wie sie die Schuld auf andere schieben. Wir haben uns dann für die Öffnung der Grenze entschieden.«

Kanzlerin Merkel antwortet in einem ähnlichen Ton. Auf die Frage, ob sie mit ihrem Verhalten die Flüchtlinge erst motiviert habe, nach Deutschland zu kommen, antwortet sie: »Ich muss ganz ehrlich sagen: Wenn wir jetzt anfangen müssen, uns zu entschuldigen dafür, dass wir in Notsituationen ein freundliches Gesicht zeigen, dann ist das nicht mein Land.«

Die Botschaft ist eindeutig: Hier stehen zwei zusammen, die in einer humanitären Notlage handeln mussten. Und zunächst bekommen sie dafür auch Applaus. In Wien im Außenministerium am Minoritenplatz verfolgt Kurz die Pressekonferenz von Merkel und Faymann zusammen mit seinen Beratern. »Sie geben wieder ein völlig falsches Zeichen«, sagt er zu Mitarbeitern, »sie hätten viel eindeutiger sagen müssen, dass Dublin jetzt wieder gilt.«

Diese Pressekonferenz ist für Kurz die Initialzündung, auf eigene Faust zu handeln. Und sich Verbündete in Europa zu suchen, die seine Sprache sprechen. Wieder trommelt er seine Experten zusammen. Der Auftrag: Macht endlich einen Plan, wie Österreich dabei helfen kann, die Flüchtlinge zu stoppen.

»Einfaches Durchwinken ist keine Lösung«

Wer einmal in einem Flüchtlingsboot gesessen hat, weiß, dass die Flüchtlinge kaum zu stoppen sind, weil hier auf erdrückende Weise deutlich wird, wozu sie bereit sind. Wie viel Horror sie bereit sind zu durchleben, um in Frieden ein besseres Leben führen zu können.

Ich habe als Reporter zusammen mit Flüchtlingen in einem Schlauchboot gesessen von Izmir Richtung Lesbos, als die Wellen plötzlich immer höher schlugen, Frauen und Kinder in Todesangst schrien. Der Schmuggler bekam von allen Flüchtlingen je 1200 Euro – und belügt alle.

Es ist ein Herbsttag 2015, als wir um 1.00 Uhr an einem verlassenen Strand rund eine Stunde von Izmir ankommen. Mit dem Bus sind wir hierher gefahren, ein Reisebus voller Flüchtlinge, gestartet am Busbahnhof in Izmir. Mitten im Zentrum, sichtbar für jeden. Kontrollen? Keine. Der Schmuggler, der aus Syrien kommt, aber dessen Chef ein Türke ist, hatte vorher noch gesagt: »Natürlich könnte uns die türkische Polizei aufhalten, aber sie tut es nicht...«

Am Strand, wo sonst viele deutsche Touristen Urlaub machen, pfeift der Wind, der Himmel ist klar. Die Flüchtlinge sollen sich hinter Büschen verstecken, keine Handys benutzen. Familien sind hier, viele kleine Kinder und ein Mann, Ahmed, der nur noch ein Bein hat.

Ahmed ist 43 und ist vor Assads Bomben geflüchtet. Voller Angst schaut er in die Ferne: »Wie sollen wir es bloß schaffen, übers Meer?«, fragt er laut.

Aber es gibt keine Zeit zum Überlegen. »Yalla yalla«, sagt der Schmuggler – schnell schnell. Alle kramen aus ihren Rucksäcken Schwimmwesten hervor, einigen kann man ansehen, dass sie einen Ernstfall wohl nicht überstehen würden. Das Schlauchboot haben die Schlepper schnell aufgepumpt. Die Flüchtlinge stürmen drauf zu, jeder will der Erste sein, den vermeintlich sichersten Platz ergattern.

Nur: Es gibt keine sicheren Plätze.

Als über 30 Personen auf dem Boot sind, ist es voll. Den Schmugglern reicht das aber nicht: »Rückt zusammen! Macht

Platz! Da können noch Kinder sitzen!« Zusammengepfercht sitzen wir im Boot, 58 Menschen, keiner kann die Füße noch bewegen, alle sitzen aufeinander.

Es ist stockdunkel, nur ein bisschen Mondschein, kein Licht aus Angst vor der türkischen Küstenwache. Der »Kapitän« ist selbst Flüchtling, aus Syrien. Wir erfahren später, dass er in dieser Nacht das erste Mal in seinem Leben ein Boot lenkt. Er fährt Schlangenlinien in der Bucht, von links nach rechts, dann raus aufs offene Meer. Das Wasser spritzt ins Boot, die Füße sind schon nach fünf Minuten Fahrt komplett durchnässt.

Jetzt brüllen die Flüchtlinge den Kapitän an. Aber der Mann weiß selbst nicht, wo sie sind. Er hat kein GPS. Wahrscheinlich kannte er den Weg von Anfang an nicht. Lesbos ist von hier rund 18 Meilen entfernt, die Überfahrt gilt als schwierig, da Strömungen aufeinander treffen. Einfacher wäre es von einer anderen Bucht, dort sind es nur fünf Meilen bis Lesbos, aber dort sind auch mehr Kontrollen.

Das Boot wird immer mehr durchgeschüttelt, es sieht danach aus, dass es kentern könnte. »Ich will nicht sterben«, schreit eine Frau. Die Männer murmeln: »Ya rab« (Oh mein Gott). Verzweifelt versuchen sie per Handy die Küstenwache zu erreichen, machen SOS-Signale mit Taschenlampen. Aber keiner kommt, fast anderthalb Stunden sind sie jetzt auf See. Lesbos scheint unerreichbar.

Eine Welle nach der anderen schüttelt das Boot durch, der Boden ist voller Wasser. Panisch versucht der »Kapitän« das Boot vom offenen Meer nach rechts zu bringen, zurück zu einer kleinen Bucht. Und tatsächlich, das Manöver gelingt. Nach zweieinhalb Stunden Horrorfahrt kommen sie an einem Strand an, einer Ferienanlage. Aber in der Türkei.

Eine Mutter schreit vor Glück zum Himmel: »Danke, dass du uns gerettet hast.« An der Hand hat sie ihre kleine Tochter, die sich an einer Bank festhält. Lethargisch steht das kleine

Mädchen dort, nach stundenlanger Panik und lautem Schreien. Anders die jungen Männer, die von Boot kommen. Auch sie hatten Angst, aber jetzt sind sie sauer: »Wie komme ich jetzt nach Europa? Was ist mit meinem Geld? Die Schmuggler haben uns verarscht!«, sagt einer. Sie machen an dem Strand, an dem sie gestrandet sind, ein Feuer, wärmen sich auf, diskutieren die nächsten Schritte.

Die Flüchtlinge sind glücklich und verzweifelt zugleich. Sie haben ihr Geld verloren, aber ihr Leben behalten.

Die meisten versuchen es wieder. Todesangst ist für sie kein Kriterium. In Syrien, so sagen sie, ist das Risiko immer noch größer zu sterben.

Wenn man Sebastian Kurz mit solchen Geschichten konfrontiert, dann hört er aufmerksam zu, fragt nach, will die Details wissen, gibt sich schockiert. An seiner Einstellung aber ändert er nichts.

»Wir müssen doch ganz klar sagen: In der Türkei gibt es keine Bomben, die Menschen können dort bleiben und sind sicher. Niemand kann sich aussuchen, wo man Asyl beantragt«, sagt er.

Genauso deutlich wird Kurz auch, als er Griechenland, Mazedonien, Serbien noch 2015 besucht. Er erklärt, dass er eine ordentliche Grenzsicherung erwarte: »Einfaches Durchwinken ist keine Lösung.«

Aber keiner weiß, was die Lösung sein könnte, und vor allem wie zwischen diesen Ländern wirklich eine Grenzsicherung aussehen soll. Das Absurde an der Flüchtlingsroute, findet Kurz, ist die Tatsache, dass die Flüchtlinge in Griechenland in der EU ankommen, um dann via Mazedonien für kurze Zeit aus der EU wieder auszureisen, um dann in Serbien und Ungarn weiterzulaufen. So dürfe es nicht weitergehen. »Das hat nichts mit der Europäischen Union zu tun, wie wir sie kennen«, sagt er. Gerade seine Generation, die nur noch offene Grenzen innerhalb Europas kenne, müsse jetzt dafür sorgen, dass Schengen nicht durch die Flüchtlingskrise kaputt gemacht werde.

In Österreich ist die Begeisterung der Bevölkerung über Faymanns Willkommenspolitik, die sich in Wahrheit allein an Merkel orientiert, in den ersten Septemberwochen 2015 weiter ungebrochen. Immer mehr Politiker gehen in Wien zum Westbahnhof, um Flüchtlinge zu begrüßen. Auch Kurz wird gedrängt, die Flüchtlinge in Empfang zu nehmen, die nach Tagen des Wartens in Ungarn endlich kommen dürfen. Er sei schließlich der Integrationsminister. Aber er sträubt sich.

»Es gab eine Diskussion in meinem Büro, weil mein Pressesprecher gesagt hat, dass die meisten Journalisten des Landes es unglaublich finden, dass der Integrationsminister die Flüchtlinge nicht in der ersten Reihe begrüßt«, erzählt Kurz. »Aber ich habe mich dagegen entschieden.« Er erinnert sich an den Druck, den es auch aus der Bevölkerung gab. »Es gab viele, die dort aus wirklicher Überzeugung geholfen haben, vor denen habe ich wirklich großen Respekt. Aber einige Politiker sind einfach dorthin gegangen, weil sie in den Medien gesehen haben, dass das irgendwie gut ankam. Aber wir haben einfach den Standpunkt vertreten: Es ist das falsche Signal an kriminelle Schlepperbanden, wenn Menschen, die ihnen so viel Geld bezahlen und es übers Mittelmeer geschafft haben, hier freudestrahlend von der Politik Europas empfangen werden.«

Christian Kern, damals noch Chef der österreichischen Bahn ÖBB und später der Nachfolger von Faymann, wird ausgerechnet in diesen Stunden am Bahnhof zum neuen Star. Er fährt einen völlig anderen Kurs als Kurz, zeigt sich als das menschliche Gesicht Österreichs – und geht auf die ungarische Regierung los.

Zehntausende Flüchtlinge transportiert die ÖBB in den ersten Septembertagen durch Österreich nach Deutschland. Die Flüchtlinge werden zuvor von ungarischer Seite an die Grenze gebracht. Dort müssen alle aussteigen und zu Fuß nach Österreich. »Wir haben nur sehr spärliche Informationen erhalten, es war auch schwierig, sich vorzubereiten, weil die Ungarn dreimal innerhalb weniger Stunden ihre Strategie änderten«, sagt Kern damals im »Standard«. »Ich habe das Gefühl, der ungarische Premier Viktor Orbán wollte hier ein Exempel statuieren, und das ist ihm leider wohl auch gelungen.«

Orbán bleibt hart und legt sich mit der gesamten EU und insbesondere Deutschland an. »Die Flüchtlinge wollen alle nach Deutschland, also ist es kein ungarisches Problem«, sagt Orbán, »Priorität hat für mich die Sicherheit im eigenen Land. Die Menschen in Ungarn haben Angst und das liegt an den europäischen Staatsoberhäuptern, die nicht in der Lage sind, die Situation unter Kontrolle zu bringen. Und die Flüchtlinge fühlen sich eingeladen, nach Deutschland zu kommen.«

Orbán wird in Brüssel für seine harte Haltung und sein Nein zur europäischen Verteilung der Flüchtlinge immer schärfer kritisiert. Kurz hält sich mit Kritik an ihm dagegen weiter auffallend zurück. Er baut zu dieser Zeit bereits ein enges Verhältnis zu ihm auf, sie telefonieren viel, verstehen sich gut. Und es fällt auf, dass Kurz sich kaum kritisch über Orbán äußert, obwohl der Präsident auch unabhängig von der Flüchtlingsfrage immer autoritärer agiert, die Pressefreiheit einschränkt und die Unabhängigkeit der Justiz beschneidet.

Später wird er Orbán persönlich für seine Bemühungen um die Sicherung der Außengrenzen loben. »Hören wir auf mit der Trennung in Gut und Böse und der moralischen Überlegenheit«, sagt Kurz der »Süddeutschen Zeitung«. Orbán sowie andere osteuropäische Staaten seien bei der Sicherung der EU-Außengrenzen federführend gewesen. Daraufhin wird Kurz international immer mehr mit Orbán verglichen, was seine Haltung in der Flüchtlingsfrage betrifft. Ihn ärgert das. »Wir hatten immer Themen, in denen wir mit Ungarn ganz anderer Meinung waren, was die Behandlung von Flüchtlingen angeht und auch die Wortwahl, wie über Flüchtlinge gesprochen wird. Aber ich fand es richtig, dass Ungarn die Flüchtlinge registrieren wollte und einen Zaun gebaut hat und sich an Dublin halten wollte.«

Auch bei den Eltern von Sebastian Kurz gibt es in den Septembertagen des Jahres 2015 viele Diskussionen über die Flüchtlingssituation. »Ich habe die Bilder gesehen und mich gefragt: Was passiert da?«, sagt Elisabeth Kurz. »Da stehen Polizisten an Grenzen, aber sie können gar nichts machen. Die Menschen taten mir unglaublich leid, auch wegen meiner eigenen Familiengeschichte. Aber es hat mir eben auch Angst gemacht, das habe ich dem Sebastian auch gesagt.«

Es ist diese Stimmung, die Sebastian Kurz nach dem Höhepunkt in der »Willkommenspolitik« immer stärker wahrnimmt, Woche für Woche. »Ich glaube, die Stimmung hat sich gedreht mit den Zehntausenden, die dann täglich über die österreichische Grenze gekommen sind«, sagt er. »Es gab Polizisten, die haben Stopp, Stopp gesagt, einen Pass verlangt, aber es gab nicht einmal eine Reaktion. Als die Menschen die Dimension erkannt haben und dass es nicht aufhört, ist die Stimmung gedreht.«

In diesen Monaten setzt Kurz sich auch verstärkt mit seiner eigenen Familiengeschichte auseinander. Er hat die bosnischen Kriegsflüchtlinge aus den 90er-Jahren nicht vergessen, auch nicht die Fluchtgeschichte seiner Großmutter. »Natürlich war das ein Thema bei uns zu Hause, aber es gibt eben aus meiner Sicht einen großen Unterschied. Kann ein Staat Menschen aufnehmen, die aus der unmittelbaren Nachbarschaft wie damals aus dem ehemaligen Jugoslawien fliehen müssen? Und ich denke, da gibt es keine Frage, ja das muss der Staat tun, weil es dazu keine Alternativen gibt. So war es im Fall meiner Oma zum Beispiel. Aber die andere Frage ist, ob ein Staat Menschen aufnehmen soll, die vom anderen Ende der Welt kommen und durch zahlreiche Länder durchziehen und dann ganz bewusst den Antrag in Österreich, Deutschland oder Schweden stellen. Und da denke ich: Der Staat kann es nicht unbeschränkt tun, weil sonst das gesamte System kippt.«

Kurz fährt in diesen Wochen oft nach Deutschland, weil er auch dort eine veränderte Stimmung wahrnimmt und glaubt, dass die Deutschen die Grenze schließen könnten. 6000 Flüchtlinge kommen mittlerweile pro Tag, manchmal sind es über 10 000. Er hat Gespräche im Kanzleramt und trifft Kanzleramtsminister Peter Altmaier. Aber auch wenn er bereits als harter Kritiker der deutschen Politik wahrgenommen wird, nimmt man Kurz nicht wirklich ernst. Schließlich ist ja Kanzler Faymann ein enger Verbündeter Merkels.

Einer, der schon damals auf der Seite von Kurz steht, ist Jens Spahn, Staatssekretär im Finanzministerium. Spahn ist in der CDU der entschiedenste Gegner von Merkels Flüchtlingspolitik. »Ich fand es vor allem sehr mutig, wie offen Sebastian die Probleme angesprochen hat. Das war ja damals nun keinesfalls populär. Aber er hat Dinge gefordert, die später dann von allen anderen umgesetzt wurden, obwohl sie zuvor massiv kritisiert wurden«, sagt Spahn.

Auch in Bayern hat Kurz einen Verbündeten, denn Ministerpräsident Horst Seehofer gehörte schnell zu den härtesten Kritikern Merkels. Die Entscheidung, Flüchtlinge aus Ungarn nach Deutschland zu holen, hielt Horst Seehofer für falsch. Er macht Druck, dass Merkel die Grenzen schließt. Seehofer berichtet in Berlin davon, dass Österreicher Flüchtlings-Busse immer häufiger bis kurz vor die Grenze fahren lassen und dann den Weg nach Deutschland weisen. »Das kann so nicht weitergehen, wir sind an unserer Belastungsgrenze angekommen«, sagt Seehofer im September 2015 zu Kurz in persönlichen Gesprächen. Der Außenminister hat Verständnis für diese Sicht, fürchtet aber, dass ein diesbezügliches Einschreiten am Ende zu Lasten Österreichs gehen könnte. Und dann die österreichische Regierung in Schwierigkeiten kommt.

Kanzleramtsminister Peter Altmaier wird im Stillen nach Wien geschickt. Dort handelt er aus, dass die Flüchtlinge ab sofort ausschließlich an vier »Übergabe-Punkten« nach Deutschland gelangen. An der Zahl der Flüchtlinge ändert das wenig.

Eine Woche, nachdem Merkel zusammen mit Faymann die Flüchtlinge ins Land gelassen hat, wird die Stimmung immer aufgeregter. Merkel dagegen bleibt vorerst bei ihrer Haltung. »Dabei denkt Angela Merkel, wie sie immer denkt: Es mischen sich Überzeugung und Kalkül«, berichtet »BILD« in einer Aufbereitung der Flüchtlingskrise ein Jahr später.

»Wegen seiner Geschichte müsse Deutschland länger als alle anderen in Europa die Grenzen offen halten und Flüchtlinge aufnehmen. Das sei auch so etwas wie der späte Dank der Deutschen an die anderen EU-Staaten für das Glück der Wiedervereinigung.« So wird Merkel Monate später argumentieren. Aber immer mehr Politiker wollen damals nicht hinnehmen, dass die Grenzen geöffnet bleiben.

Weil Bayern mittlerweile an einem Tageshöchstwert über 13 000 Flüchtlinge ins Land lässt, will Seehofer durchgreifen. Allen Ausländern, die aus Österreich kommen, soll die Einreise verweigert werden. Selbst dann, wenn sie Asyl beantragen.

Die Hardliner können sich auf Paragraf 18 des deutschen Asylgesetzes berufen: »Dem Ausländer ist die Einreise zu verweigern, wenn er aus einem sicheren Drittstaat einreist.« Deutschlands Nachbarn sind solche sicheren Drittstaaten, rechtlich und technisch möglich wäre die Grenzschließung also.

Innenminister de Maizière erteilt die entsprechenden Weisungen: In der Nacht zum Sonntag verlegt die Bundespolizei mit Hubschraubern 21 Hundertschaften der Bereitschaftspolizei des Bundes nach Bayern. Sie sollen die Grenze gegen einen möglichen Ansturm von verzweifelten Flüchtlingen sichern. In der vorläufigen Fassung des 30 Seiten langen Einsatzbefehls steht damals: »Nichteinreiseberechtigte Drittstaatsangehörige sind zurückzuweisen, auch im Falle eines Asylgesuchs.« Aber kurze Zeit später, nach Gesprächen mit Merkel, schreibt de Maizière den Einsatzbefehl um. Die entscheidende Passage lautet nun: »Nichteinreiseberechtigte Drittstaatsangehörige sind zurückzuweisen.« Es fehlt der Halbsatz: »auch im Falle eines Asylgesuchs«. Damit ist klar: Jeder, der Asyl sagt, wird durchgelassen.

Kurz hatte bereits zuvor gewarnt, dass Bayern die Grenzen schließen könnte. Er ist in ständigem Kontakt mit der CSU-Führung. Und es ist die Zeit, in der er selbst immer dramatischere Beschreibungen für die Lage findet. »Die Situation ist vollkommen außer Kontrolle«, sagt Kurz.

Er fordert einen Zaun an der slowenischen Grenze, man solle dem Verlangen der Polizei nachgeben. »Man kann ja nicht dabei zusehen, dass die Polizei mit Menschenketten versucht, die Situation unter Kontrolle zu bringen«, äußert er bei »Servus TV«. Zu meinen, es reiche, immer mehr Quartiere zu schaffen, sei ein »Irrglaube«. Nötig sei Grenzsicherheit an den EU-Außengrenzen. Gelinge das nicht, würden immer mehr Staaten versuchen, selbst an ihren Grenzen die Situation unter Kontrolle zu bringen.

Er ist jetzt der offene Gegner von Merkel, gibt in deutschen Medien ein Interview nach dem anderen, tritt bei »Anne Will« auf. Und schießt in alle Richtungen. »Die Kosten für die Versorgung der Flüchtlinge müssen aus dem Geld der Steuerzahler bezahlt werden. 95 000 Menschen im Jahr in Österreich unterzubringen, kostet eine Milliarde Euro«, sagt Kurz.

Er findet das Vorgehen der deutschen Regierung absurd, aber unterstützt die Grenzkontrollen. »Ich habe es für richtig erachtet, das zu tun. Ich war nur fassungslos, dass man einerseits weiterhin die Menschen kommen lassen wollte, nur bis Deutschland sollten sie dann nicht mehr gehen. In der Sache fand ich es aber ja richtig und ich habe argumentiert, dass wir den Migrationsdruck durch zusätzliche Signale schrittweise reduzieren müssen. Meine These war immer, dass wir sanft gegensteuern müssen, weil mir ja bewusst war, dass ein sofortiges Zusperren unmöglich gewesen wäre.«

Der Stimmungsumschwung

Die österreichischen Politiker reagieren nervös auf Deutschlands Ankündigung. Faymann lädt zu einer Flüchtlings-Taskforce ein, bei der unter anderem Außenminister Kurz und Innenministerin Mikl-Leitner dabei sind. Kurz will sofort Kontrollen selbst einführen.

Aber die SPÖ-Minister sind dagegen. Sie benutzen die gleichen Argumente, die auch Merkel benutzt. Die Grenzen könnten nicht kontrolliert werden. Faymann berichtet von Merkels Vorhaben eines Flüchtlings-Deals mit der Türkei. Aber Kurz glaubt nicht an diesen Plan.

Ein Besuch in Ankara bestärkt ihn in seiner Sicht. Bei einem Gespräch mit dem damaligen Ministerpräsidenten Ahmet Davutoğlu wird für ihn deutlich, dass die Türkei die neue Rolle genießt. »Es ist erstaunlich, wer momentan alles mit meinem Staatspräsidenten sprechen will«, sagt Davutoğlu damals zu ihm. »Bis vor einem halben Jahr hat sich keiner für uns interessiert. Jetzt rufen sie fast jeden Tag an: Merkel, Hollande, Juncker. Und alle tun so, dass sie schon immer die besten Freunde der Türkei waren.«

Kurz glaubt deshalb nicht, dass mit der Türkei eine schnelle Lösung möglich ist. Fast jeden Tag bespricht er sich mit seinen Flüchtlings-Experten.

»Es waren diese Experten, die unsere Gedanken auf den Punkt gebracht haben: Dass wir eine schrittweise Kontrolle an den Grenzen brauchen. Und wir haben uns dann in der Runde darüber unterhalten, dass, wenn es nicht zwischen der europäischen Außengrenze möglich ist, dann sollte es im Idealfall möglichst nah an der europäischen Außengrenze sein. Unsere Sorge war immer, dass, wenn wir als Österreich die Grenze schließen oder wenn wir mit Slowenien und Kroatien schließen, dass dann der Westbalkan im Chaos versinkt. Und das war der Grund, warum wir sehr schnell der Meinung waren, dass der richtige Ort nicht zwischen Slowenien und Kroatien liegt, sondern zwischen Mazedonien und Griechenland.«

Kurz hat die Politiker aus Mazedonien bereits an seiner Seite. Er nutzt geschickt die Stimmung der Mazedonier, die enttäuscht darüber sind, dass es mit dem EU-Beitrittsverfahren nicht vorangeht.

Präsident Gjorge Ivanov sagt später in einem Interview: »Kanzlerin Merkel hat mit ihrer humanitären Geste Mut beweisen. Aber keiner hat den Mut, jetzt zu sagen, was da noch kommen kann: Allein zwischen dem Sudan und Ägypten warten 20 Millionen Migranten, die nach Europa wollen. Der Flüchtlingsstrom wird nicht enden, durch Twitter und Facebook wissen alle Bescheid. Und was macht Europa? Die brauchen ja allein sechs Monate, um einen Gipfel zu organisieren. Währenddessen sind aber schon eine Million neue Migranten da. Und was Deutschland angeht: Wie kann es sein, dass in Ihrem Land einfach so 130 000 Flüchtlinge verschwunden sind? Wir müssen uns ändern. Radikal.«

Kurz führt die Gespräche über eine Schließung der Balkan-Route zusammen mit der Innenministerin Mikl-Leitner im Geheimen. Noch.

Am 11. Oktober 2015 gewinnt Wiens Bürgermeister Häupl mit elf Punkten Vorsprung die Wahl in Wien für die SPÖ, es ist gleichzeitig auch der Höhepunkt der Beliebtheit der Regierung Faymann. Von da an geht es bergab. Und bergauf mit Sebastian Kurz.

Kurz merkt zu diesem Zeitpunkt, dass seine Meinung immer populärer wird. Diejenigen, die ihn vorher kritisiert haben, schwenken um. Sogar bei der SPÖ, die unter Faymann stolz eine Willkommenspolitik gezeigt hat. Burgenlands SPÖ-Landeshauptmann Hans Niessl fordert öffentlich eine Kurskorrektur. »Die Menschen in Österreich erwarten sich eine Kursänderung in der er Flüchtlingspolitik«, sagt Niessl in der »Kronen Zeitung«. »Eine Flüchtlingspolitik, die den Grundsatz hat, dass jetzt eh der Winter kommt und damit weniger Flüchtlinge, halte ich für verantwortungslos und nicht vorausschauend. Schweden macht die Grenzen dicht und Deutschland fordert massiv europäische Kontingente.« Und Niessl schwenkt in gewisser Weise auf die Linie von Kurz ein. »Man muss sich schon im Klaren sein, dass der große Flüchtlingsandrang erst der erste Schritt ist. All jene, die jetzt kommen, brauchen in weiterer Folge einen Wohnraum, einen Arbeitsplatz, einen Kindergarten. Wir haben im Moment eine sehr hohe Arbeitslosigkeit und zu wenig Wohnraum. Wie soll das auf Dauer funktionieren?«

Andere dagegen, sogar in der ÖVP, halten Kurz und der Regierung Populismus vor. Ex-ÖVP-Mandatar und Flüchtlingshelfer Ferry Maier hat für die vielen Forderungen von Kurz kein Verständnis. »Wer diese Tage in Nickelsdorf erlebt hat, kann jenen, die an die Errichtung von Zäunen als Lösung dachten, nur Ahnungslosigkeit vorwerfen«, äußert Maier im »Kurier«. »Die Tausende, die in jenen Tagen an die österreichische Grenze kamen – großteils in von der ungarischen Regierung bereitgestellten Bussen und Zügen –, hätten sich nicht ohne Gewalt aufhalten lassen. Und auch so wäre schon damals in Nickelsdorf ohne die NGOs und die vielen privaten Helfer eine katastrophale Situation entstanden.« In dem 1700-Einwohner-Dorf an der österreichisch-ungarischen Grenze kamen täglich bis zu 12 000 Flüchtlinge an.

Zur Debatte steht in diesen Tagen auch das christliche Selbstverständnis der ÖVP. Und wie sehr die Linie von Sebastian Kurz damit noch vereinbar ist. Kurz geht während der harten Wochen in der Flüchtlingskrise häufiger in die Kirche.

»Es gibt in der Kirche die gesamte Breite der Gesellschaft und ich würde sagen, es gibt da alle Haltungen, die es in der Gesellschaft gibt, auch unter Geistlichen, manchmal sogar noch radikaler«, sagt Kurz. »Es gibt Geistliche, die vor der Islamisierung warnen und das manchmal so deutlich aussprechen, wie das sonst kaum jemand tut, und es gibt andere, die für die unbeschränkte Aufnahme von Flüchtlingen eintreten. Also ich würde sagen, Kirche spiegelt da auch die Breite der Gesellschaft wider.« Und zum Thema Politik und christliche Grundüberzeugung führt er weiter aus: »Ich habe am Höhepunkt der Flüchtlingskrise mit einem Geistlichen gesprochen nach seiner Predigt zu Flucht und Flüchtlingen. Ich habe dann zu ihm gesagt: ›Wenn ich jetzt als gläubiger Katholik das tue, was Sie da gerade gepredigt haben, dann bin ich mir nicht sicher, ob ich meine Aufgabe als Außenminister für die Republik gut erfüllen würde.‹

Er hat dann zu mir gesagt: ›Tu immer das, was du für richtig erachtest. Und gerade, wenn es notwendig ist, Maßnahmen zu setzen oder gerade wenn es notwendig ist, verlier das Mitgefühl für jeden einzelnen Menschen nicht.‹ Das war eigentlich einer der besten Ratschläge, die ich je bekommen habe. Es geht auch in der Politik darum, Maßnahmen zu setzen, die einem viel-

129

leicht menschlich schwerfallen. Es ist aber gleichzeitig genauso wichtig, nie die Empathie zu verlieren und nie den einzelnen Blick dafür, dass es da um ganz viele einzelne Menschen und viele Schicksale geht.«

Aber es ist genau diese Empathie, die Kritiker Kurz absprechen.

In den Umfragen in Österreich gewinnt er dennoch immer mehr an Boden. Im Januar 2016 führt er bereits vor allen anderen Politikern und fordert weiter offensiv Obergrenzen und eine Abschottungspolitik. »Es ist nachvollziehbar, dass viele Politiker Angst vor hässlichen Bildern bei der Grenzsicherung haben. Es kann aber nicht sein, dass wir diesen Job an die Türkei übertragen, weil wir uns die Hände nicht schmutzig machen wollen. Es wird nicht ohne hässliche Bilder gehen«, sagt er.

Kurz wird mittlerweile in seinem Kurs von allen Seiten unterstützt. Auch Faymann leitet eine Wende ein und will jetzt selbst die Obergrenze. Und ÖVP-Chef Mitterlehner erkennt immer mehr, dass Kurz für ihn die größte Konkurrenz zu werden droht.

Die Schließung der Grenzen

Nach monatelangen Gesprächen mit allen beteiligten Balkan-Staaten entscheiden Kurz und Innenministerin Mikl-Leitner schließlich, eine Westbalkan-Konferenz zu veranstalten. Ohne Griechenland. Nach einem EU-Außenminister-Treffen in Amsterdam am 6. Februar 2016, bei dem Kurz erneut auf den griechischen Außenminister Kotzias trifft, sind sie überzeugt, dass die griechische Regierung ihren Weg nicht mitgeht. Als Kurz bei dem Treffen die griechische Regierung auffordert, die Außengrenzen besser zu schützen, wehrt sich Außenminister Kotzias. »Wir lassen uns von keinem Minister eines nicht-maritimen Landes sagen, wie wir unsere Grenzen zu schützen haben«, sagt Kotzias. »Wir müssen vielmehr darüber reden, wie wir die Flüchtlinge von den Inseln schneller aufs Festland bringen.«

Auf der Konferenz in Wien wird Griechenland einfach ignoriert. So, als spielte das Land gar keine Rolle. Im Abschlusspapier des Gipfels heißt es: »Wir werden den Migrationsfluss substanziell reduzieren«. Griechenlands Ministerpräsident Tsipras wettert hinterher gegen »eine Konferenz der Schande«, und kündigt an, gegen alle Beschlüsse innerhalb der EU ein Veto einzulegen.

Aber der österreichische Plan läuft längst.

Es ist ein kleiner Grenzort in Griechenland, der so auf unrühmliche Weise weltberühmt wird. Idomeni heißt der Ort, der für die einen das Symbol der europäischen Schande wird, und für die anderen zum Anfang vom Ende der unkontrollierten Zuwanderung.

Hier an der mazedonischen Grenze stauen sich kurz nach der Entscheidung bei der Westbalkan-Konferenz bereits Hunderte Menschen.

Für Afghanen gibt es kein Durchkommen mehr. Der Plan von Kurz und Mikl-Leitner ist es, den Zustrom langsam zu reduzieren, um irgendwann die Grenze komplett zu schließen. Aber in diesen Tagen kommen weiterhin Tausende Flüchtlinge jeden Tag in Griechenland an, und sie bewegen sich alle in Richtung Idomeni. »Wir haben gewusst, dass diese Situationen an einer Grenze stattfinden werden und wir haben auch gewusst, wenn es den Türkei-Deal gibt, dass die türkische Polizei sicherlich nicht sanfter mit den Flüchtlingen umgeht als die Polizei in Mazedonien«, sagt Kurz. »Wir waren der Meinung, dass wenn es wo gelingen kann, dann an der griechisch-mazedonischen Grenze. Ich habe das ja immer als eher scheinheilig empfunden, wenn uns vorgeworfen wurde, die Menschen in Mazedonien zu stoppen, und gleichzeitig versucht wurde, sie in der Türkei zu stoppen, denn die türkische Polizei ist hier sicherlich mit mehr Brutalität vorgegangen als die Polizei auf unserem Kontinent.«

Nach und nach machen wie geplant immer mehr Balkan-Staaten ihre Grenzen dicht. Keiner kommt mehr durch. Und die Situation in Idomeni spitzt sich dramatisch zu. Tausende Flüchtlinge zelten vor der Grenze, viele Frauen und Babys sind darunter, die im Schlamm hausen müssen. Medien aus aller Welt berichten über ihre Situation. Über 8000 sind es bereits Ende Februar 2016, nur fünf Tage nach der Westbalkan-Konferenz. Und die Regierung in Athen warnt immer wieder vor einer »humanitären Katastrophe«. Für Griechenland ist klar, wer daran die Schuld trägt: Österreich!

Vor der österreichischen Botschaft in Athen kommt es zu Demonstrationen mit Hunderten von Teilnehmern.

Das, was in Idomeni passiert, hat wenig mit dem Europa zu tun, das viele Flüchtlinge noch wenige Monate zuvor für das Paradies hielten. Ich bin als Reporter wochenlang vor Ort und erlebe, dass kein Zelt hier mehr trocken ist, überall weinende Kinder zu hören sind, nur die kleinen Lagerfeuer spenden den Flüchtlingen Wärme. Mehr als 12 000 Menschen sind zu Spitzenzeiten hier.

Sulaf sitzt mit ihrem Baby in einem der Zelte in Idomeni, die von Hilfsorganisationen aufgebaut wurden, 40 Flüchtlinge sitzen und liegen hier dicht gedrängt nebeneinander. Wie ist es möglich, dass wir nach 20 Tagen immer noch hier sind«, schluchzt sie, »nach allem, was wir durchmachen mussten?«

Sulaf kommt aus Idlib (Syrien), ihre Familie besaß in dem Ort einen kleinen Laden. Als der Krieg immer schlimmer wird und die Bombenangriffe der Regierungstruppen nicht aufhören, entscheidet sie sich mit der Familie zur Flucht. Sie schaffen es über die Türkei bis nach Griechenland.

Als sie aus Samos aufbrechen, denken sie, dass jetzt das Schlimmste hinter ihnen liegt und Deutschland nur noch wenige Tage entfernt ist. Von Idomeni und der geschlossenen Grenze wissen sie zu diesem Zeitpunkt noch nichts.

»Drei unserer fünf Kinder sind krank geworden hier, husten ständig. Es ist überall dreckig, gibt keine Duschen, nicht genügend Kleidung und Verpflegung. Wir haben alles in Syrien verloren und jetzt sitzen wir hier. Warum werden wir nicht durchgelassen?«

In ein anderes Camp in Griechenland wollen sie vorerst nicht. Sulaf: »Wenn wir dann erst einmal weg sind von der Grenze, wo bringen sie uns denn dann hin? Wir wollen doch nur weiter nach Deutschland ...«

Sebastian Kurz verfolgt die Lage in Idomeni angespannt. Aber die Bilder, die von dort verbreitet werden, kommen ihm entgegen. »So hart es ist: Ich habe immer gesagt, dass es ohne solche Bilder nicht gehen wird. Wir müssen dafür sorgen, dass die Flüchtlinge auch medial erkennen, dass die Route geschlossen ist.«

Aber es gibt gleichzeitig auch die Sorge im österreichischen Außenministerium, dass einige Flüchtlinge versuchen könnten, die Grenze zu stürmen. Ende Februar passiert genau das. Hunderte Flüchtlinge versuchen mit einem Rammbock über die Grenze zu kommen. Die Polizei setzt Tränengas ein. Und die mazedonische Regierung wird zunehmend nervös.

Griechenlands Ministerpräsident Tsipras versucht über Kanzlerin Merkel Druck auf Mazedonien auszuüben. Auch aus Brüssel und den USA wird interveniert. Die Österreicher glauben selbst zunächst nicht, dass der Grenzzaun halten wird.

Aber Kurz schafft es, durch ein diplomatisches Kunststück die Mazedonier zu beruhigen. Wie ihm dies gelungen ist, beschreiben die Autoren Christian Utsch, Thomas Prior und Rainer Nowak in ihrem Buch »Flucht«: »Steinmeier und Merkel geißeln die Grenzschließung zwar öffentlich, doch im Lager der Kanzlerin, sogar in ihrem engeren Umfeld, sind viele dafür. Und sie zählen zu den Verbündeten von Kurz. Besonders gut ist sein Draht zu Verteidigungsministerin Ursula von der Leyen. Er bittet sie und auch Innenminister de Maizière, ihre wohlwollende Haltung in Skopje zu deponieren und der mazedonischen Regierung bei der Grenzschließung den Rücken zu stärken. Ein Husarenstück: Der österreichische Außenminister organisiert Anrufe deutscher Minister in Mazedonien, damit sie dort auf informellem Wege die öffentliche Position ihrer Kanzlerin unterlaufen.« Und die Autoren zitieren dabei auch den mazedonischen Außenminister Nikola Poposki mit den Worten: »Es gab eine stille Zustimmung Deutschlands zur Schließung der Balkan-Route. Die deutschen Politiker wünschten, dass wir es tun, aber sie änderten ihr Vokabular nicht.«

Außenminister Steinmeier beklagt sich bei Poposki mehrfach über die humanitären Zustände in Idomeni und greift in einem Interview sowohl Österreich als auch Mazedonien an. »Ich erwarte, dass Europa wieder zusammenfindet«, sagt er der »Passauer Neuen Presse«. »Es kann nur eine europäische Lösung für das Flüchtlingsproblem geben. Die Bilder in Idomeni führen uns auf dramatische Weise vor Augen, wohin nationale Alleingänge führen.«

Und auch Kanzlerin Merkel glaubt nicht, dass die Bilder, die Kurz produzieren will, dabei helfen, Flüchtlinge abzuschrecken. »Wer vor den Bomben auf Aleppo flieht oder vor den Mördern des IS, den schockieren auch die Umstände in Griechenland nicht«, sagt Merkel der Magdeburger Zeitung »Volksstimme«. Für sie ist vielmehr klar: »Wir brauchen dauerhafte Lösungen, die nicht einseitig etwas festlegen, was andere Länder dann ertragen müssen.«

Und auch UN-Generalsekretär Ban Ki Moon kritisiert die Grenzschließung scharf. »Die Grenzschließungen sind mit dem Völkerrecht und dem menschlichen Anstand nicht vereinbar«, sagt er. Jeder Asylsuchende habe ein Recht auf eine Anhörung und ein individuelles Verfahren, so der UN-Generalsekretär.

Kanzlerin Merkel, UN-Generalsekretär Ban Ki Moon – mehr Kritik geht kaum. Aber Kurz bleibt bei seiner Linie. »Natürlich hat er diese Kritik wahrgenommen und sich damit auch beschäftigt«, sagt ein Berater, »aber er hat eben immer wieder die Frage nach der Alternative aufgeworfen und die gab es aus unserer Sicht nicht.«

Kurz selbst beschäftigt sich fast 24 Stunden am Tag mit der Situation in Idomeni. Lässt sich von vor Ort immer die neuesten Entwicklungen durchgeben. »Unsere Hauptsorge war, dass die Situation dort eskaliert. Besonders als wir die Rammböcke dort gesehen haben«, sagt Kurz. »Ich bin froh, dass die mazedonische Polizei immer versucht hat, zu deeskalieren und niemals hier in eine direkte Auseinandersetzung eingestiegen ist. Das, was am meisten zuvor kritisiert wurde, der Zaun, war am Ende der Garant dafür, dass Menschen nicht verletzt wurden. Es gab immer Kritik an den Zäunen, aber die Alternative zu Zäunen wären damals Flüchtlinge gewesen, die bei der Konfrontation mit der Polizei zu vielem bereit gewesen wären. Deshalb habe ich die Kritik an Zäunen nie verstanden, weil die ja dazu geführt haben, dass die Konfrontation uns Gott sei Dank erspart geblieben ist.«

Das stimmt nur halb. Zwar gibt es keine Konfrontation am Grenzzaun, dafür dramatische Bilder an einem Fluss zwischen Mazedonien und Griechenland. Mehr als 2000 Flüchtlinge marschieren am 14. März 2016 plötzlich Richtung geschlossene Grenze, aufgestachelt durch ein Flugblatt, das von Helfern verteilt worden sein soll. Darin heißt es auf Arabisch: »Die griechisch-mazedonische Grenze ist geschlossen und wird geschlossen bleiben. Wahrscheinlich werden die, die in Griechenland bleiben, zurück in die Türkei gebracht. Wer den illegalen Weg über Osteuropa weitergehen kann, wird die Möglichkeit haben, zu bleiben. Deutschland nimmt noch immer Flüchtlinge auf.«

Und die anonymen Autoren des Flugblatts fordern die Flüchtlinge auf, entsprechende Konsequenzen zu ziehen. »Die Zäune sind nur dafür da, damit ihr denkt, die Grenzen seien geschlossen. Nur fünf Kilometer von hier endet der Zaun. Dort gibt es keinen Zaun, der davon abhält, nach Mazedonien zu kommen. Dort kann man die Grenze überqueren. Wenn ihr euch nur in kleinen Gruppen auf den Weg macht, werden die Grenzkontrollen oder das Militär dazu in der Lage sein, euch zu stoppen. Sie werden euch zurück nach Griechenland bringen. Wenn Tausende zusammen losmarschieren, dann wird die Polizei es nicht schaffen, euch zu stoppen oder zurückzubringen. Unser Plan ist es, uns am Montag um 12 Uhr am Camp-Ausgang zu treffen und dann gemeinsam die Grenze zu überqueren. Bitte schaut euch die Karte an, darauf markiert sind der Weg und der Treffpunkt.«

Die Flüchtlinge glauben in ihrer Not dem, was auf dem Flugblatt geschrieben steht. 700 Menschen schaffen es bis nach Mazedonien, aber sie werden von Mazedonien sofort zurück nach Griechenland transportiert. Drei Menschen sterben bei dem Versuch, den Fluss zu überqueren. Es ist der letzte Versuch der verzweifelten Flüchtlinge, etwas an der Situation in Idomeni zu verändern. Danach üben sie stillen Protest, Tausende bleiben bis zur Räumung im Mai 2016 dort. Immer in der Hoffnung, dass die Grenze doch noch geöffnet wird. Doch diese Hoffnung wird sich nicht erfüllen.

Kurz hat in Idomeni alles auf eine Karte gesetzt und gewonnen. Wochenlang musste er zittern, ob die Grenze hält, und sie

hat gehalten. Und damit auch seine Karriere maximal beför-
dert. Denn nach der Grenzschließung ist er nun international
die Figur, die einen entscheidenden Beitrag zur Eindämmung
des Flüchtlingsstroms nach Europa geleistet hat. Egal, ob die
österreichische Innenministerin Mikl-Leitner mitgewirkt hat,
egal, ob Slowenien die Ursprungsidee für die Balkan-Schlie-
ßung hatte und Ungarn den Zaun nach Mazedonien lieferte –
Kurz schafft es, sich selbst als den Mann zu präsentieren, der
die Balkan-Route geschlossen hatte.

Aber es gibt auch die andere Seite. Diejenigen, die ihn jetzt
erst recht ablehnen. Für einige in Österreich bleibt er nach den
Monaten in Idomeni nur noch der kalte Sebastian Kurz, der
für seine Karriere die humanitären Prinzipien Europas geop-
fert hat.

Der Europa-Grünen-Abgeordnete Michael Reimon bezeichnet Kurz auf Facebook als »menschenverachtenden Zyniker«.
»Wenn im Schlamm von Idomeni Kinder geboren werden und
Alte sterben, dann ist das die politische Arbeit von Sebastian
Kurz«, schreibt Reimon bei Facebook. »Um Flüchtlinge von
der Balkan-Route abzuhalten, wollte er humanitäre Missstände
herbeiführen und gezielt hässliche Bilder zur Abschreckung in
Umlauf bringen. Das hat er mehrfach klargestellt, das ist ihm
gelungen.«

Reimon ist längst nicht der Einzige, der Kurz angreift. Und
der Außenminister ist tatsächlich getroffen. Aber vor allem
deshalb, weil er die Schärfe der Kritik nicht verstehen kann.
»Natürlich hat mir das viele schlaflose Nächte beschert und
auch viel Ratlosigkeit darüber, was diese Darstellung betrifft,
aber es hat trotzdem nichts an unserer Entscheidung geändert,
weil wir einfach gewusst haben, wenn wir die Menschen aus
Idomeni jetzt nach Mazedonien bringen oder nach Österreich
oder nach Deutschland, dann sind am nächsten Tag noch mehr
Menschen in Idomeni, die dort im Schlamm leiden. Die Men-

schen waren ja in Idomeni und nicht in Quartieren, weil sie weiterziehen wollten. Das habe ich menschlich zu 100 Prozent verstanden, aber ich wusste auch, dass es so langfristig nicht funktionieren kann«, gibt Kurz zu bedenken. »Hätten wir die Menschen in Idomeni nach Deutschland oder nach Österreich gebracht, dann wären am nächsten Tag nicht 80 000 im Schlamm unter grausamen Bedingungen in Idomeni gewesen, sondern 200 000. Und hätten wir 20 000 nach Österreich oder Deutschland gebracht, dann wären es am Tag darauf 40 000 gewesen. Und insofern war es wichtig, den Menschen eine andere Perspektive zu bieten, nämlich Flüchtlingsunterkünfte in Griechenland, aber nicht den Weg nach Mitteleuropa.«

Kurz hat mittlerweile einen Verbündeten auf seiner Seite: Kanzler Werner Faymann, der zuvor zusammen mit Merkel für die Willkommens-Politik gestanden hatte, ist jetzt ein Verfechter der Obergrenze und einer Schließung der Balkan-Route. »Ich bin sehr dafür, mit klarer Sprache allen zu sagen: Wir werden alle Routen schließen, die Balkan-Route auch«, sagt Faymann in Brüssel. In Richtung Merkel giftet er in internen Runden sogar, dass Deutschland ja die Idomeni-Flüchtlinge aus Griechenland abholen könne, wenn das Land sie denn unbedingt haben wolle. Faymann fordert Merkel sogar öffentlich auf, die Schließung der Balkan-Route zu unterstützen. »Ich kann nur dabei bleiben, dass wir auch die deutsche Kanzlerin ersuchen, eine klare Sprache an den Tag zu legen«, sagt Faymann, »ich erwarte von Deutschland eine Klarstellung, dass sich niemand aussuchen kann, wo er hinkommt.« Ansonsten werde es weiterhin starken Druck auf die Balkan-Route und auf andere Ausweichrouten geben. Entsprechende Kontrollen an der Brennergrenze würden vom Innenministerium vorbereitet. Den Flüchtlingen müsse klar werden, dass sie auch andere Angebote annehmen müssen, macht Faymann deutlich.

Es ist eine 180-Grad-Wende des österreichischen Kanzlers. Und ein Frontalangriff auf Merkel. Lachender Dritter: Sebastian Kurz.

Merkel kann gegen den offiziellen Beschluss der EU zur Schließung der Balkan-Route nichts mehr tun. Das Einzige, was sie noch durchsetzen kann, sind Feinheiten in der Formulierung. Ursprünglich sollte es in dem Gipfel-Papier heißen: »Diese Route ist geschlossen«. Auf Druck von Merkel wird der Satz in »bei den irregulären Migrationsströmen entlang der Westbalkan-Route ist nun das Ende erreicht« verändert. Aber es ist nur eine Formulierungsfrage. Die Tatsache, dass die Grenzen geschlossen sind, bleibt.

Kritiker stellen infrage, dass Kurz' Konzept auch dann aufgegangen wäre, wenn nicht der Türkei-Deal kurze Zeit später beschlossen worden wäre. Insbesondere von deutscher Seite heißt es, dass Mazedonien dem Druck an der Grenze niemals hätte standhalten können, wenn weitere Flüchtlinge von den Inseln zum Festland gekommen wären. »Keiner in Europa hätte es ausgehalten, wenn sich die Lage in Idomeni noch weiter verschärft hätte«, sagt ein deutscher Regierungsbeamter, »auch Österreich hätte das nicht zugelassen.«

Von Seiten des österreichischen Außenministers heißt es dagegen, dass das Ziel immer gewesen sei, Griechenland mit einzubinden. »Ich hatte ja mit dem griechischen Außenminister mehrfach darüber diskutiert, dass es sinnvoll wäre, wenn nicht gleich alle Flüchtlinge von den Inseln zum Festland geschickt werden. Was vor den Zuständen in Idomeni angeblich nicht möglich war, haben die Griechen dann umgesetzt. Und auch das hat am Ende dazu geführt, dass die Flüchtlinge gesehen haben: Hier an der Grenze zwischen Griechenland und Mazedonien geht es nicht weiter.«

Aber nicht nur Merkel will verhindern, dass Kurz den Erfolg sinkender Flüchtlingszahlen allein für sich verbuchen kann, sondern auch aus Brüssel ist immer wieder zu hören, dass das Türkei-Abkommen am Ende entscheidend gewesen sei. Und auch Kurz selbst räumt ein: »Ich glaube, dass beide Dinge miteinander zusammenhängen, denn wenn die Türkei nicht gesehen hätte, dass wir in Europa auch selbst handeln können, wären doch immer noch weitere Forderungen gekommen.«

Die Betrachtung seiner Politik in Idomeni macht Kurz bis heute wütend. »Am Ungerechtesten habe ich empfunden, dass es so dargestellt wurde, als wäre es in Ordnung, Menschen in der Türkei mit Polizeigewalt zu stoppen, aber dass es nicht in Ordnung ist, sie in Mazedonien zu stoppen. Und diese Betrachtung hat mich massiv gestört.«

Der Türkei-Deal

Die Kritik, die jetzt an Kurz und allen anderen geübt wird, die für die Schließung der Balkan-Route gekämpft haben: Durch die Sperrung kommen nur noch diejenigen weiter, die das nötige Geld für Schlepper haben.

Es ist das Drama der europäischen Debatte um Flüchtlinge: Am Ende leiden immer die geflüchteten Menschen, egal, wo sie gestoppt werden. Auch durch Merkels Entscheidung, den Flüchtlings-Deal mit der Türkei zu unterzeichnen, leiden Menschen. In der Türkei werden Flüchtlinge von Küstenwachen beschossen. Auf den griechischen Inseln, wo Tausende gestrandet sind, entwickeln sich dramatische Zustände. Auch deshalb, weil die griechische Regierung nicht in der Lage ist, Missstände in den Flüchtlingsunterkünften zu beseitigen. Aber im Winter und Frühjahr 2016 wird das Scheitern europäischer Flüchtlingspolitik vor allem auf Sebastian Kurz und seine Mitstreiter projiziert.

Der türkische Präsident Erdoğan hatte die EU bis aufs Blut provoziert. Mitarbeiter des türkischen Präsidenten bestätigten sogar einen Bericht griechischer Medien, wonach Erdoğan während der Verhandlungen zu EU-Kommissionspräsident Jean-Claude Juncker gesagt haben soll: »Was wollt ihr denn machen, wenn ihr keinen Deal bekommt? Die Flüchtlinge töten? Wir können die Türen nach Griechenland und Bulgarien jederzeit öffnen. Wir können die Flüchtlinge sogar in Busse stecken.«

Aber am Ende gibt es dennoch einen Deal mit der Türkei. Am 18. März 2016 ist das Flüchtlingsabkommen unter Dach und Fach. Für jeden Flüchtling, den Griechenland aufnimmt, soll einer zurückgeschickt werden. Ahmet Davutoğlu, der damalige Ministerpräsident, EU-Ratspräsident Donald Tusk und EU-Kommissionspräsident Jean-Claude Juncker blicken in Brüssel freudestrahlend in die Kameras.

Die Türkei bekommt drei Milliarden Euro für syrische Flüchtlinge, das Geld soll von der EU schnell bereitgestellt werden. »Wir werden bis 2018 weitere drei Milliarden Euro zur Verfügung stellen«, sagt Merkel. Neben Beitrittsgesprächen wird der Türkei außerdem ein Fahrplan zur Visafreiheit ihrer Bürger versichert.

Kurz ist es am Ende egal, warum weniger Flüchtlinge kommen. Er schafft es, die zurückgehenden Zahlen, vor allem in Österreich, als seinen Erfolg zu verkaufen. Dass Innenministerin Mikl-Leitner und viele andere Balkan-Staaten auch daran beteiligt waren, wird in Wien schnell vergessen. Die Umfragen von Kurz werden durch sein Handeln in Idomeni immer besser. Er gilt jetzt als der, der nicht nur etwas verspricht, sondern im Zweifel auch etwas tut. Selbst dann, wenn es Widerstände gibt.

Dass darunter Flüchtlinge zu leiden haben, wird in Österreich so wie in vielen anderen europäischen Staaten kaum noch diskutiert. Die Stimmung hat sich – auch durch Terroranschläge innerhalb Europas – radikal verändert. In der ÖVP sind sie sich zu diesem Zeitpunkt bereits sicher, dass Kurz irgendwann zum Kanzlerkandidaten werden wird. ÖVP-Chef Mitterlehner steckt immer wieder in der Krise und ist nach einem anfänglichen Hoch in den Umfragen massiv abgesackt. Aber dass es so schnell mit dem Kandidaten Kurz klappen würde, damit hätten selbst seine engsten Berater nicht gerechnet. Und noch viel weniger die ÖVP, die plötzlich einen 31-Jährigen erlebt, der die Funktionäre an ihre Grenzen bringt.

Kapitel 5

Auf dem Weg zum Kanzler

Der größte Tag:
Die Angelobung des Kanzlers Kurz

Es ist sein größter Tag und ausgerechnet heute muss Sebastian Kurz geschützt werden wie noch nie in seiner politischen Karriere.

Der Vormittag des 18. Dezember 2017, Angelobung des jüngsten österreichischen Kanzlers aller Zeiten. Angelobung eines Mannes, der aus seiner Sicht bis jetzt alles richtig gemacht hat. Der aber mit seiner schwarz-blauen Koalition auch für eine Spaltung im Land und in Europa sorgen könnte.

»Hier kommen Sie nicht durch, das ist eine gesperrte Zone«, sagt der Polizist vor dem Minoritenplatz, an dem das österreichische Außenministerium liegt.

1500 Polizisten sichern alle Bereiche, Straßensperren sind errichtet. Die Polizisten gehen sogar durch die Hotels, die in der Nähe liegen, um nach verdächtigen Personen zu suchen. So etwas kennen sie hier in Österreich eigentlich kaum.

Es sind die Erinnerungen an das Jahr 2000, als mehr als 10 000 Menschen gegen die erste schwarz-blaue Koalition auf die Straße gingen. Als Eier flogen und EU-Politiker mit Sanktionen drohten. Der damalige Bundeskanzler Wolfgang Schüssel musste zur Angelobung mit seinen Ministern durch einen unterirdischen Gang zwischen den Gebäuden laufen. Eine Schmach für die damalige Regierung.

Aber 17 Jahre später ist davon nicht mehr viel zu sehen. Ein paar Tausend Demonstranten schon, aber insgesamt, so scheint es zumindest, kann eine Koalition mit der FPÖ in Österreich offenbar nicht mehr so richtig aufregen. Auch ein Zeichen dafür, wie sich in den vergangenen Jahren Europa verändert hat.

Sebastian Kurz wirkt vor seinem großen Moment nicht nervös. Eher wie jemand, der das alles schon einmal gemacht hat. »Die letzten Tage der Verhandlungen haben mich sehr viel Kraft gekostet, wahrscheinlich bin ich deshalb ganz ruhig«, sagt er.

Es ist halb elf am Morgen, als sich seine engsten Mitarbeiter und das künftige Kabinett zusammen mit den Familien und Freunden zum Sektempfang versammeln. Mit dabei sind auch die Eltern des künftigen Kanzlers und seine Freundin Susanne Thier.

Es ist so etwas wie das vorläufige Ende einer fast unglaublichen Geschichte. Vor nur sechs Jahren war Kurz noch Staatssekretär, auf der Straße wurde er ausgeschimpft, die Menschen haben ihm manchmal vor die Füße gespuckt. Und jetzt ist er plötzlich der wichtigste Mann des Landes.

Kurz bedankt sich im »Alois Mock Saal« des Außenministeriums bei allen Mitarbeitern für ihre Unterstützung, und dann für die »vertrauensvolle Zusammenarbeit« bei Heinz-Christian Strache während der Koalitionsverhandlungen.

Sie sind jetzt alle am Ziel.

Kurz hat sein Versprechen wahr gemacht und viele Minister auf dem ÖVP-Ticket ins Kabinett geholt, die bisher wenig Erfahrung in der Politik haben, aber dafür als Experten ihres Fachs gelten. Es soll die Erneuerung ausstrahlen, die er seit der

Übernahme der Partei versprochen hat. Aber es ist nicht so, dass diese Regierung keinen Preis hätte für Kurz und für Österreich.

Vizekanzler wird mit Strache ein Mann, der in den 80er-Jahren in der deutschen Neonazi-Szene unterwegs gewesen sein soll. Innenminister wird mit Herbert Kickl der ehemalige Redenschreiber von Jörg Haider, der in früheren Wahlkampfzeiten FPÖ-Wahlslogans wie »Daham statt Islam« oder »Mehr Mut für unser Wiener Blut – zu viel Fremdes tut niemandem gut« erfunden hat. Und Mario Kunasek, dem Kontakte zur Identitären Bewegung und anderen rechtsextremen Gruppen nachgesagt werden, wird Verteidigungsminister.

Damit sind auch alle Geheimdienste des Landes in den Händen der FPÖ. Einer Partei, die in der Vergangenheit ganz eng mit dem russischen Kreml zusammengearbeitet hat und alle Russland-Sanktionen am liebsten sofort abschaffen würde. Im Dezember 2016 unterschrieb Strache in Moskau eine »Vereinbarung über Zusammenwirken und Kooperation« mit der Kreml-Partei »Einiges Russland«. In einem Punkt der Vereinbarung heißt es, beide Seiten sollten in verschiedenen Bereichen zusammenarbeiten. »Zum Zweck der Stärkung der Freundschaft und der Erziehung der jungen Generation im Geiste von Patriotismus und Arbeitsfreude.« Bei westlichen Geheimdiensten stieß die Vergabe der beiden Ministerien an die FPÖ auch deshalb auf Unverständnis. Zwar hat Kurz künftig als Kanzler auch ein Zugriffsrecht auf die Geheimdienste, aber die FPÖ hat durch diese Ministerien mehr Macht als jemals zuvor.

Bundespräsident Alexander Van der Bellen mahnt die Kabinettsmitglieder bei der Angelobung in der Hofburg, Verantwortung für die Geschichte des Landes zu übernehmen: »Für helle und für dunkle Seiten!«

Sebastian Kurz hört dem Bundespräsidenten aufmerksam zu bei seiner Rede. Auch er hat in den vergangenen Monaten und Jahren lange damit gerungen, was das Beste ist in der Koalitionsfrage. Das Beste für das Land, aber vor allem zuerst einmal das Beste für ihn, um überhaupt an die Macht zu kommen. Wie sah dieser Weg an die Spitze aus?

Schwarz-blau – eine Wunschkombination?

Es war nie ausgemacht, dass Kurz einmal Kanzler einer ÖVP/FPÖ-Koalition werden würde. Lange hatte er sich erhofft, dass es bei der SPÖ personelle Veränderungen geben könnte nach einer Niederlage, der ehemalige Kanzler Kern abdankt. Das hätte Kurz eine Koalitionsalternative eröffnet. Gleichzeitig gab es immer die Gefahr für ihn, dass sich die FPÖ der SPÖ zuwenden könnte, das war direkt nach der Wahl realistischer, als es heute noch scheint.

Kurz selbst hatte nie eine persönliche Nähe zur FPÖ. Schon allein die Tatsache, dass er zunächst Staatssekretär für Integration war, hat für eine fast automatische Distanz zur FPÖ gesorgt. Kurz erkannte 2011 noch eine »brutale Sprache« bei der Partei und vor allem bei Heinz-Christian Strache.

Niemand von Kurz' Freunden war in der FPÖ. Für jemanden wie ihn wäre es immer undenkbar gewesen, mit einer Partei wie dieser zu sympathisieren. Die radikale Sprache von Haider und später auch Strache hat ihn als Jugendlicher abgeschreckt, die teilweise extrem rechten Strömungen angewidert. Als jemand, der in der Schule als seine einprägsamste Begegnung das Gespräch mit einer Holocaust-Überlebenden nennt, war auch nur der geringste Anschein von Antisemitismus nicht tolerierbar.

So ist Sebastian Kurz auch erzogen worden, seine Eltern haben die FPÖ nie gewählt.

»Ich war noch nie FPÖ-Freund und bin es heute auch nicht«, sagt Josef Kurz, »aber ich habe das Gefühl, dass die sich jetzt zumindest etwas ändern wollen. Und wenn einer das Talent hat und auch auf die einwirken kann, dann ist es mit Sicherheit der Sebastian. Es ist ja auch eine Frage der Alternative: Was wäre denn gewesen, wenn man sie nicht eingebunden hätte in eine Regierung? Dann würden sie beim nächsten Mal vielleicht noch stärker werden. Deshalb halte ich es für besser, sie einzubinden.«

Auch Elisabeth Kurz sieht das so. »Natürlich macht das Bauchschmerzen, aber was ist die Alternative zu einer Koalition mit der FPÖ«, sagt sie. »Ich denke, es ist verantwortungsbewusst, sich der Situation zu stellen und nicht zu sagen, das mache ich jetzt nicht. Hätte Sebastian sich da aus der Verantwortung stehlen sollen?«

Aber wer in den Minuten der Angelobung die Minister der beiden Parteien beobachtet, auf der einen Seite diejenigen, die Kurz ausgesucht hat, auf der anderen Seite die, die Strache bestimmt hat, bekommt bereits das Gefühl, dass es hier erhebliches Konfliktpotenzial gibt. Sie versuchen zwar alles, um der Öffentlichkeit Einigkeit zu demonstrieren, gehen geschlossen voran, lächeln in die Kameras, aber es bleiben zwei sehr unterschiedliche Gruppen. Wie wollen die fünf Jahre koalieren?

»Was sollten wir machen?«, sagt ein ÖVP-Mitarbeiter, »diese FPÖ wurde eben von vielen Bürgern in Österreich gewählt, das ist Realität. Und wir konnten diese Realität nicht länger ausblenden. Eine große Koalition hätte das Land nicht länger ertragen.«

Aber da gibt es auch noch die andere Seite. Und die hat wieder mit der Flüchtlingskrise zu tun. Die Flüchtlinge haben die ÖVP und die FPÖ ohne Zweifel näher zusammengebracht. Und diese Nähe bei der Flüchtlingsfrage ist auch im Koalitionsvertrag zu begutachten. Es sind so harte Vereinbarungen entstanden, wie es sie sonst in keinem anderen EU-Land gibt, die insbesondere in Deutschland zurzeit unvorstellbar wären.

Wer sich in Österreich um Asyl bewirbt, der soll bei der Antragstellung sein gesamtes Bargeld abgeben. Die Beiträge sollen zur Deckelung der Grundversorgung genutzt werden. Darüber hinaus müssen Asylbewerber ihre Handys bei den Behörden abgeben. Diese lesen dann die Handydaten aus, um Identitäten zu klären beziehungsweise die Reiseroute zu überprüfen. Während des Asylverfahrens sollen Asylsuchende nur noch Sachleistungen erhalten und kein Bargeld. Darüber hinaus soll die ärztliche Verschwiegenheitspflicht aufgehoben werden, wenn Erkrankungen eines Asylbewerbers »grundversorgungsrelevant« sind.

Rigoroser als Österreich wäre damit kaum noch jemand, was Flüchtlinge betrifft. Und das alles hat vor allem mit dem Wahlkampf zu tun, in dem Sebastian Kurz und Heinz-Christian Strache immer wieder um dieses eine Thema kreisen.

Das wichtigste Thema im Wahlkampf: Flüchtlinge

Es ist die Schließung der Balkan-Route, die Sebastian Kurz endgültig zum Polit-Star in Österreich macht. Er genießt die Rolle und die Spekulationen im Frühjahr 2016, dass er schon bald um das Kanzleramt kämpfen könnte. Es war ein harter Kampf, in den Wochen davor hat er kaum geschlafen, immer in Angst, dass es in Idomeni dramatische Aufstände geben kann oder dass Deutschland und andere Staaten es noch schaffen, seinen Plan in letzter Sekunde zu kippen.

Die Zeitungen berichten jetzt weltweit über Kurz, sogar die »New York Times« und die »Washington Post«. Wann gab es das zum letzten Mal in Österreich?

Viele Österreicher sind stolz auf ihn, und es scheint in diesen Wochen ein bisschen so, als habe Sebastian Kurz Kanzlerin

Angela Merkel zu Fall gebracht und die Balkan-Route persönlich geschlossen, so wirkt jedenfalls die Berichterstattung. Er will sein Thema deshalb weiter besetzen.

Das geht nur durch immer krassere Forderungen.

Im Juni 2016 geht Kurz sogar so weit, dass er Flüchtlinge künftig auf Inseln internieren will – und nennt das australische Modell als Vorbild. »Die EU kann sich Teile des australischen Modells als Vorbild nehmen«, sagt Kurz, »wer auf einer Insel wie Lesbos bleiben muss und keine Chance auf Asyl hat, wird eher bereit sein, freiwillig zurückzukehren, als jemand, der schon eine Wohnung in Wien oder Berlin bezogen hat.«

Menschenrechtsorganisationen sind fassungslos. »Kurz profiliert sich weiter auf Kosten der Flüchtlinge. Es ist wirklich traurig, dass ein Politiker so wenig Menschlichkeit zeigt«, sagt ein Pro-Asyl-Sprecher.

Aber Kurz kennt keine Gnade. Schon gar nicht für diese Organisationen. »Der NGO-Wahnsinn muss beendet werden«, sagt er bei seinem Besuch auf Malta im Frühjahr 2016, »die Arbeit der Freiwilligen führt dazu, dass mehr Flüchtlinge im Mittelmeer ums Leben kommen statt weniger. Viele machen sich so zu Partnern der Schlepper.«

Kurz plädiert dafür, dass die geretteten Flüchtlinge nicht mehr nach Italien gebracht werden. Sie sollten nach australischem Vorbild gestoppt und in Flüchtlingszentren außerhalb der EU gebracht werden.

Worüber Kurz nicht spricht: Dort, wo die Menschen schon jetzt aufgehalten werden, leben sie wie Tiere, werden versklavt, völlig ohne Rechte.

In der Zeit, als Kurz mal wieder harte Forderungen aufstellt, besuche ich als Reporter Libyen und sitze neben David (20) in einem Flüchtlingsknast.

»Pass auf, du bekommst Krätze«, brüllt ein Aufseher in dem libyschen Lager, als ich mich hinsetzen will. Beißender Gestank liegt in der Luft, 600 Menschen aus Nigeria, Eritrea, Sudan hocken an diesem Tag dicht zusammengepfercht in zwei Räumen, zwischen ihnen nur ein paar schmutzige Matratzen. Sie alle sind hier, weil sie auf einem Boot nach Europa wollten. Und es ist eine Situation, die eine automatische Konsequenz von einer immer härteren EU-Flüchtlingspolitik ist, geprägt auch durch Kurz.

Die libysche Küstenwache hat sie gestoppt. David aus Nigeria ist seit drei Monaten eingesperrt, hat Ausschlag auf den Armen, schaut verzweifelt. »Viele sind krank hier, Krätze verbreitet sich. Und wenn wir gleich rausgehen, werden sie mich wieder zusammenschlagen. Nur weil sie es können. Und keiner hinschaut.« Menschenrechtsorganisationen wie »Human Rights Watch« sprechen von Hunderten Fällen von Misshandlungen in den Lagern.

Libyen ist ein zerfallener Staat: Die von der EU unterstützte Regierung »regiert« von einer Seebasis aus. Die Schlepper haben leichtes Spiel. Am Strand von Garabuli, 50 Kilometer entfernt von Tripolis, warten die Verzweifelten in verlassenen Häusern, sind den Schleppern vollkommen ausgeliefert. Am Strand liegen häufig Tote, manchmal tagelang. Die Leichenhäuser sind überfüllt.

Abdul (45), seit 20 Jahren Schlepper in Libyen, erklärt, wie einfach der Menschenschmuggel geworden ist. »Unter Gaddafi war es viel schwieriger, Boote nach Europa zu schicken. Aber jetzt gibt es keinen Staat mehr. Jeder kann schmuggeln, der will. Die Milizen und die italienische Mafia verdienen mit.« Der Preis für einen Platz im Boot liegt bei 1200 Euro, mehr als 100 Menschen pro Schlauchboot. In Holzbooten werden sogar bis zu 800 transportiert.

Wie kann ein Politiker so etwas tolerieren?

Kurz macht es sich leicht, denn er behauptet, dass diese Bilder nur deshalb entstehen konnten, weil Europa diese Menschen quasi eingeladen habe.

»Die Lebensbedingungen von vielen Menschen auf der Welt sind furchtbar«, sagt Kurz. »Und unser Ziel muss es sein, die Lebensbedingungen dieser Menschen zu verbessern, indem wir in den Herkunftsländern aktiv werden. Die Menschen, die in Libyen massiv leiden, die in Flüchtlingsquartieren eingesperrt sind und zu Zwangsarbeit oder Prostitution gezwungen werden, das sind Menschen, die vorher nicht in Libyen gelebt haben, sondern die sich dort auf den Weg hingemacht haben. Das heißt: Unsere Politik der offenen Grenzen in der Europäischen Union, die hat erst dazu geführt, dass solche Zustände in Libyen überhaupt entstanden sind, weil sie eine Magnetwirkung ausgelöst haben und die Menschen dazu gebracht haben, sich auf den Weg nach Libyen zu machen.«

Aber dieses Argument verfängt nicht bei seinen Kritikern. Die Empörung über Sebastian Kurz' Vorschläge, das australische Modell für Europa zum Vorbild zu nehmen, reicht sogar bis in den Vatikan. »Der Vorschlag von Außenminister Kurz, im Mittelmeer aufgegriffene Flüchtlinge sofort zurückzubringen oder auf Inseln zu internieren, ist menschenunwürdig«, sagt Antonio Maria Veglio, Präsident des »Päpstlichen Rates der Seelsorge für die Migranten und Menschen«.

Kurz selbst kann die Aufregung heute wie damals nicht verstehen. Trotz der Schelte, die sogar aus dem Vatikan kommt. »Ich habe die Kritiker natürlich verstanden, wenn es ihnen um die einzelnen Menschen ging, und natürlich taten auch mir die Menschen leid«, sagt Kurz, »aber die Kritik an mir insgesamt war verlogen. Es ist dann am Ende ja meist genauso gekommen, wie ich und andere es gefordert haben. Die griechische Insel Lesbos ist heute nichts anderes als ein Ort, wo Flüchtlinge festgehalten werden, sie kommen von dort nicht mehr so einfach aus Festland. Und genau das ist richtig, ansonsten würde der Flüchtlingsstrom nie beendet werden. Aber dann gleichzeitig so zu tun, als wären meine Vorschläge damals völlig unmenschlich gewesen, finde ich daneben.«

Auf das, was in Lesbos passiert, kann aber wohl kaum ein europäischer Politiker stolz sein. Im Auffanglager Moria auf der Insel leben fast 6500 Menschen, 40 Prozent von ihnen sind Kinder. Die Menschen frieren, sind durchnässt, die hygienischen Zustände sind katastrophal.

Auch Kurz' Unterstützer nehmen im Jahr 2016 eine Art von »Besessenheit« wahr, was das Thema Flüchtlinge und Migration angeht. »Es verging eigentlich kein Tag, an dem er nicht über Migration gesprochen hat«, sagt ein ÖVP-Mitarbeiter.

Flüchtlinge, Flüchtlinge, Flüchtlinge – es bleibt das Thema des Sebastian Kurz.

Es wird sein Thema vor, während und nach dem Wahlkampf. Es ist sein Gewinnerthema. Aber die Flüchtlinge sind die Verlierer.

»Wir wären ja bekloppt gewesen, wenn wir nicht darauf gesetzt hätten«, sagt ein Kurz-Berater. »Sebastian Kurz hat massiv Glaubwürdigkeit durch die Schließung der Balkan-Route gesammelt und die Menschen hat es nun mal weiter beschäftigt. Es ist doch nichts Anrüchiges dabei, dass wir dann weiter auf das Thema gesetzt haben.«

Bundeskanzlerin Merkel ärgert sich auch nach der Schließung der Balkan-Route weiter über Außenminister Kurz. Sie ist der Überzeugung, dass man gegen Rechtspopulisten nur bestehen kann, wenn man nicht versucht, deren Positionen zu kopieren. »Wir haben mit Sorge beobachtet, wie die Debatte in Österreich verlaufen ist«, sagt ein Merkel-Vertrauter. »Man hatte das Gefühl, dass am Ende Flüchtlinge eigentlich für alles verantwortlich waren, was in Österreich schiefläuft. Und leider muss man sagen, dass Sebastian Kurz diese Stimmung befeuert hat.«

Aus der Sicht von Merkel ist Kurz' Kurs in der Flüchtlingsfrage kaum noch von der FPÖ zu unterscheiden. Innerparteilich gerät sie aber selbst unter Druck. Insbesondere Gegner wie Jens Spahn, der ausgewiesene Kurz-Freund, und der bayerische Ministerpräsident Seehofer wollen, dass es Merkel macht wie Kurz.

»Wir wussten immer, dass Sebastian auf den richtigen Zeitpunkt warten musste«

Während in Deutschland über den richtigen Umgang mit der AfD gestritten wird, ist es in Österreich nach der Balkan-Routen-Schließung gar nicht so sehr die FPÖ, die Kurz Sorgen bereitet. Es sind zwei Männer, die im Jahr 2016 seine Karriere bis nach ganz oben stoppen können.

Reinhold Mitterlehner, der ÖVP-Chef, der nach Kurz' Entdecker Michael Spindlegger ins Amt kam, hatte einen überraschend guten Start, Kurz hat sich mit ihm arrangiert. Der Deal: Mitterlehner lässt ihn in Ruhe bei Außenpolitik und Integration und Kurz lässt Mitterlehner als ÖVP-Chef walten. Aber Mitterlehners Umfragewerte werden schnell schlechter, in der Presse wird er wegen Plänen für eine Steuerreform kritisiert.

Und Mitterlehner musste zusehen, wie Kurz gleichzeitig immer beliebter wird. In dieser Zeit soll es Pläne gegeben haben, Kurz auf andere Positionen wie den Vorsitz der Wiener ÖVP wegzuloben, erzählen Vertraute aus seinem Umfeld.

Aber Kurz lässt sich nicht so leicht aus der Reserve locken. Er wartet einfach ab. Schließlich hat er als viel reisender Außenminister genügend Ablenkung, die nicht mit innenpolitischen Debatten in Österreich zu tun hat. Es sind nicht nur seine Positionen in der Flüchtlingsfrage, sondern auch die klaren Ansagen in Richtung Erdoğan. Kurz, der Klartext-Politiker, diese Rolle gefällt ihm.

Und warum sollte er sich beim ÖVP-Vorsitz hetzen lassen? Zu viele Vorsitzende sind in den vergangenen Jahren gescheitert, Kurz will nicht der nächste sein, der sich verbrennt. »Wir wussten immer, dass Sebastian auf den richtigen Zeitpunkt warten musste«, sagt ein Kurz-Berater, »wenn er sich zu früh entschieden hätte, dann wäre das nicht gut gewesen für seine politische Karriere.«

Aber es ist nicht nur Mitterlehner, der Kurz im Weg steht.

SPÖ-Kanzler Werner Faymann kann sich trotz der Balkan-Routen-Schließung nicht mehr von seinem Kurs bei der Flüchtlingsfrage erholen. Zwar hatte er sich zuletzt gegen Merkel gestellt, aber die Wähler und vor allem die SPÖ-Mitglieder haben genug. Die SPÖ hat seit Faymanns Antritt als Parteivorsitzender und Kanzler fast bei jeder Wahl Stimmen verloren. Bei einer Maikundgebung 2016 wird Faymann, der einstige SPÖ-Star, gnadenlos ausgepfiffen und zieht wenige Tage später wegen des schlechten Abschneidens seiner Partei bei den Präsidentschaftswahlen die Konsequenzen. Dort hatte FPÖ-Kandidat Norbert Hofer in der ersten Runde klar gewonnen. Die Kandidaten von ÖVP und SPÖ kamen dagegen beide nur auf jeweils 11 Prozent. Eine Klatsche für beide Volksparteien.

»Dieses Land braucht einen Kanzler, wo die Partei voll hinter ihm steht«, sagt Faymann, »die Regierung braucht einen Neustart mit Kraft. Wer diesen Rückhalt nicht hat, kann diese Aufgabe nicht leisten.«

Dass die SPÖ nach Faymann jetzt Kern aufbieten würde, hatte Kurz bereits geahnt. Sie haben sich ein paar Mal getroffen, gingen auch eine Zeit lang in das gleiche Fitness-Studio.

Christian Kern machte als Chef der österreichischen Bahn einen guten Job in der Flüchtlingskrise und wurde danach immer häufiger mit einflussreichen SPÖ-Größen gesehen. Es ist seine Herkunft, die Kern zu einem schwierigen Gegner für Kurz macht. Eine klassische Aufsteiger-Biografie: Aufgewachsen als Sohn einer Sekretärin und eines Elektroinstallateurs, studierte er Publizistik und Kommunikationswissenschaft. Erst arbeitete Kern als Journalist, dann direkt bei der SPÖ, später im Management bei einem Stromanbieter und dann als Vorstandsvorsitzender bei der ÖBB.

Kern schafft es an die Macht. Er wird am 17. Mai 2016 SPÖ-Chef und Kanzler. Und er nutzt genau den Effekt, auf den Kurz bisher gesetzt hatte: Er ist der Neue, der Quereinsteiger, der Andere.

»Ich bin ja so was wie ein frischgebackener Politiker, wenn man so will«, sagt Kern in seiner Antrittsrede. »Ein politischer Mensch, ja, das schon. Aber mit den politischen Ritualen und mit der Sprache jedenfalls nicht bis ins Letzte vertraut. Aber genau diese Rituale, diese Sprache, dieses Erscheinungsbild, diese Inhalte oder diese Inhaltlosigkeit, die wir in den letzten Monaten und Jahren erlebt haben, waren für mich genau der Antrieb. Ich glaube, es ist eine Analyse, die viele in diesem Land teilen. Dass, wenn wir so weiter machen – und ich habe dabei auch ganz besonders die Bundesregierung im Auge – wenn wir dieses Schauspiel weiter liefern, ein Schauspiel der Machtversessenheit und der Zukunftsvergessenheit, dann haben wir nur noch wenige Monate bis zum endgültigen Aufprall. Wenige Monate, bis das Vertrauen und die Zustimmung in der Bevölkerung restlos verbraucht sind.«

Es sind die klaren Worte, die sich viele gewünscht haben zu diesem Zeitpunkt. Und einige politische Beobachter gehen davon aus, dass sich die SPÖ mit dieser Personalie erst einmal gerettet hat.

Kern und ÖVP-Chef Mitterlehner stehen jetzt im Zentrum der öffentlichen Aufmerksamkeit – und Kurz hält sich zurück. Er verfolgt die euphorische Berichterstattung über Kern genau. »Natürlich haben wir uns damals alle gedacht, dass das jetzt schwieriger werden wird, weil Kern eben von außen kam«, sagt Sebastian Kurz, »ich hatte damit gerechnet, dass er schnell Wahlen ausruft.«

Kurz und sein Team sind darauf vorbereitet. Aber für sie ist klar, dass sie Mitterlehner den Vortritt lassen wollen, wenn er unbedingt antreten will. Nur nichts überstürzen, ist die Devise. Sie wollen erst dann angreifen, wenn klar ist, dass sie auch gewinnen. Die Werte der ÖVP und die Werte von Mitterlehner sind bereits so schlecht, dass sie sicher sein können, dass ohnehin nichts über Kurz' Kopf hinweg entschieden wird. Aber die viel schwierigere Frage ist, ob sich Kurz dem neuen SPÖ-Kanzler überhaupt stellen will, wenn Kerns Umfragewerte hoch bleiben.

Kern macht in seinen ersten Wochen, im Frühjahr und Sommer 20016, Eindruck im Land; Kurz sieht die Stärken von Kern: Er ist ein brillanter Rhetoriker, er verkauft Visionen, er hat Managementerfahrung aus der Wirtschaft.

Aber das Kurz-Team erkennt auch schnell eine Schwäche bei Kern, die später im Wahlkampf das größte Problem der SPÖ werden sollte. Kern hat nicht wie Kurz ein Team um sich, dem er schon lang vertraut. Stattdessen setzt er mal auf den einen Berater, dann auf den anderen. Und sucht auch immer wieder externe Hilfe. Gerade in der Frage, wie mit den Flüchtlingen umgegangen werden sollte, wie er sich in der Krise aufstellen muss, schwankt Kern. Mal versucht er sich bewusst von Kurz und der ÖVP abzugrenzen und einen freundlicheren Kurs einzuschlagen, dann stimmt er plötzlich einem Burka-Verbot zu, das er zuvor noch abgelehnt hatte. Kern wird so schnell zu einem Getriebenen, obwohl er Kanzler der Regierung ist.

Kurz bleibt bei seinem Knallhart-Kurs. Es beginnt ein politischer Kleinkrieg zwischen Kurz, Mitterlehner und Kern. Und manchmal vermischen sich dabei sogar die Parteien. Mitterlehner, so wird ihm später vorgeworfen, habe immer ein Interesse daran gehabt, dass Kern länger im Amt bleibt, sodass er länger Vizekanzler bleiben könne. Mitterlehner wiederum wirft Kurz intern vor, Intrigen gegen ihn gefahren zu haben, um ihn als ÖVP-Chef abzulösen.

Sauber bleibt am Ende wohl niemand.

Die Übernahme der ÖVP

Der Kampf zwischen Kurz, Mitterlehner und Kern wird zunächst durch die Bundespräsidentschaftswahlen in den Schatten gestellt. Die erste Stichwahl im Mai 2016, bei der der Grüne Alexander Van der Bellen gegen Norbert Hofer von der FPÖ schließlich knapp gewonnen hatte, muss wegen Unregelmäßigkeiten bei der Stimmabgabe wiederholt werden.

Ganz Europa spricht über den Rechtsruck in Österreich, und über Hofers Vergangenheit. Er gilt als ein strammer Rechter innerhalb der FPÖ, Vertraute von ihm pflegten Kontakte zur Neonazi-Szene. Die Empörung ist insbesondere in Deutschland groß, dass so einer nur ganz knapp die Präsidentschaftswahlen verloren hat und nun sogar eine neue Chance bekommt.

Kurz wird in dieser Phase immer wieder von den Medien kritisiert, nicht klar genug Stellung für Van der Bellen bezogen zu haben, der die wiederholten Wahlen im Dezember 2016 erneut für sich entscheidet und ab 26. Januar 2017 als Bundespräsident amtiert. Aber Kurz ist hier wieder pragmatisch genug, um sich nicht mit einem möglichen Koalitionspartner zu überwerfen. Wieder ist ihm die politische Strategie wichtiger.

Die Wiederholung der Präsidentschaftswahl ist gut für Kurz, weil er damit Zeit gewinnt. Bundeskanzler Kern kann jetzt nicht einfach die Koalition aufkündigen, um für Neuwahlen zu sorgen. Das Land befindet sich wegen der aufgeheizten Präsidentschaftswahlen in einem dauerhaften Wahlkampf.

Kurz' Entschluss, für den Fall der Fälle, wenn Mitterlehner abtritt, als Kanzlerkandidat und ÖVP-Vorsitzender bereitzustehen, ist längst gefallen. Und er beauftragt sein Team, alles vorzubereiten, was notwendig ist. Ein Papier, das von Anfang 2016 stammt, zeigt, wie akribisch sich Kurz rüstet, noch bevor klar ist, dass Mitterlehner als ÖVP-Chef zurücktreten würde. In den Papieren, die vom »Falter« veröffentlicht werden, wird der detaillierte Machtplan von Kurz beschrieben. Auch Beobachtungen von politischen Gegnern werden dort notiert. Das Team von Kurz hat dabei nichts unbedacht gelassen, einzelne Tage sind markiert, alle Unwägbarkeiten durchdacht. Auch Kern wird genau unter die Lupe genommen. Als »offene Flanken« bei Kern gelten in dem Dossier seine bürgerlichen Seiten (»Hochzeit am Weingut von Leo Hillinger, Tochter besucht eine katholische Privatschule) sowie, dass die Gratiszeitung »Heute« den Wert von Kerns Uhren auf 29 000 Euro schätzt, »wofür ein ÖBB-Mitarbeiter mehr als ein Jahr arbeiten muss.«

Ebenfalls wird laut »Falter« aus den Dokumenten deutlich, dass die Wahlkampfstrategie von Kurz von Anfang an bedeutet hätte, als eine Art »höflicher Strache« anzutreten unter dem Motto: »FPÖ-Themen, aber mit Zukunftsfokus«.

Klar festgelegt ist außerdem, dass ausschließlich Kurz der Star der Kampagne bleiben solle, und Außenstehende für die Bewegung vor allem dann interessant sind, wenn sie eine große Social-Media-Reichweite besitzen.

Für das Team von Kurz sind solche Vorbereitungen nichts Ungewöhnliches. »Wer wären wir denn gewesen, wenn wir uns nicht vorbereiten?«, sagt ein Kurz-Berater, »das zeigt nur, dass die Kampagne eben professionell geplant war. Das ist es doch auch, was man von einem Kanzler erwartet, dass er gut planen kann.«

Kurz selbst hat sich bereits vor der Präsidentschaftswahl Gedanken gemacht über den Zustand der ÖVP und wie die Partei reformiert werden kann. »Wir waren uns alle einig, dass wir es nur zu bestimmten Bedingungen machen würden«, sagt Kurz. »Ich habe bereits als Staatssekretär die Erfahrung gemacht, dass ich sehr gut mit externen Experten zusammenarbeiten kann und dass wir uns als Partei breiter aufstellen müssen.

Wir hatten beim Bundespräsidentschaftswahlkampf ein katastrophales Ergebnis. Mir war klar, dass es so nicht funktionieren kann, dass wir einen breiteren Teil der Bevölkerung ansprechen müssen.«

Der Wahlkampf, der später mit dem von Macron in Frankreich verglichen wird, liegt schon in der Schublade. Sein Kampagnenmanager Philipp Maderthaler, mit dem Kurz in all seinen Wahlkämpfen bisher zusammengearbeitet hat, wird auch jetzt wieder aktiviert.

Bereits in den Wahlen zuvor hat das Team Kurz umfangreich Daten gesammelt, via Facebook, aber auch ganz klassisch per E-Mail. So können sie bereits Hunderttausende Wähler erreichen auf direktem Weg.

Der Rücktritt des ÖVP-Chefs kommt wie erwartet. »Ich finde, es ist genug«, sagt Mitterlehner am 10. Mai 2017 bei einer Pressekonferenz, »ich habe in den letzten Monaten und Tagen einfach keinen Sinn mehr gesehen. Eine konstruktive Regierungsarbeit ist in der derzeitigen Konstellation nicht mehr möglich. Ich will außerdem kein Platzhalter sein.«

Ein klarer Angriff auf Kurz.

Aber der hält sich kaum noch auf mit den Worten von Mitterlehner, sondern zieht seinen Plan aus der Schublade, der dort schon lange liegt. Er sei generell bereit, die Partei zu übernehmen, lässt Kurz verlauten, aber eben nur zu seinen Bedingungen.

Es ist eine knallharte Liste, die er den überraschten ÖVP-Obmännern im Bundesvorstand der Partei vorlegt:

»1. Kurz tritt mit einer eigenen ›Liste Sebastian Kurz – die neue Volkspartei‹ an. 2. Auf sämtlichen Kandidatenlisten erfolgt Reihung nach dem Reißverschlussprinzip, Männer und Frauen scheinen abwechselnd auf. 3. Der Parteiobmann erhält ein personelles Durchgriffsrecht, er erstellt alleinverantwortlich die Bundeslisten und hat bei den Landeslisten ein Vetorecht. 4. Der Obmann bestellt den Generalsekretär und das Regierungsteam und benötigt dafür keinen Beschluss des Vorstandes mehr. 5. Der Parteichef hat freie Hand für die Verhandlung von Koalitionen. 6. Der Bundesobmann kann die inhaltliche Richtung der Partei vorgeben. Ihm obliegt die inhaltliche Führung der Partei. 7. Der Bundesvorsitzende beschließt schriftlich, all diese Forderungen durch eine Änderung der Statuten umzusetzen.«

Es ist eine Revolution innerhalb der ÖVP. Aber dem ÖVP-Vorstand bleibt nichts anderes übrig. Sie wissen, dass sie Kurz ausgeliefert sind. Viele glauben, dass er sonst ganz unabhängig von der ÖVP antreten könnte, so hoch sind seine Sympathiewerte in der Bevölkerung.

Und Kurz hat den Macron-Effekt immer wieder ins Spiel gebracht, hatte in einem »ORF«-Interview kurz vor der entscheidenden Sitzung des ÖVP-Parteivorstand über Macron gesagt: »Wenn sich etablierte Parteien nicht verändern, dann werden sie abgestraft. Das war in Österreich so, das war in Frankreich so und das wird bei anderen Wahlen ähnlich stattfinden.«

Eine klare Drohung an seine Partei, bloß nicht in eine andere Richtung zu denken. Sie schlucken tatsächlich alles. Am 14. Mai designiert ihn der ÖVP-Parteivorstand zum neuen Vorsitzenden, einen Tag, bevor ÖVP und SPÖ sich für vorgezogene Neuwahlen im Oktober 2017 aussprechen.

»Wir waren damals alle etwas in Schockstarre«, sagt jemand, der dabei war. »In einer normalen Situation hätte Kurz das nie durchbekommen in der Partei, das wäre undenkbar gewesen. Aber er hat eben in einer absoluten Situation der Stärke handeln können. Da waren zum einen seine sensationellen Umfragewerte und dann die Entwicklung rund um Macron. Wir haben alle das schlechte Abschneiden der ÖVP bei den Präsidentschaftswahlen vor Augen gehabt und wussten, dass die ÖVP ohne Kurz komplett am Ende sein würde.«

Am 1. Juli 2017 wählt der Bundesparteitag der ÖVP Sebastian Kurz zu ihrem Vorsitzenden. Und in seiner Antrittsrede beginnt Kurz bereits damit, was in seiner Kampagne später in dem Slogan »Zeit für Neues« zusammengefasst wird.

»Es steht außer Frage, dass wir tun wollen, was richtig ist. Und wir wissen das ja alle aus unserer politischen Erfahrung: Das ist nicht immer das Leichteste. Es fordert nämlich zunächst einmal den Mut, auch überhaupt auszusprechen, was Sache ist. Und wenn ich mir die Situation in unserem Land so anschaue, dann habe ich schon das Gefühl, dass wir in Österreich uns ganz gern die Dinge schönreden. Wir sind ein Stück weit Weltmeister im Weiterwurschteln geworden und wir sind nicht immer gut darin, Probleme zuzugeben. Wir sind viel besser darin zu sagen, dass eh alles super ist: Bestes Sozialsystem, super Wirtschaftsstandort, wir schaffen das. Aber Veränderungsbereitschaft ist bei uns nicht wirklich gegeben.«

Kurz wird mit 98,7 Prozent gewählt. Und der Parteitag beschließt die Statutenveränderung, die Kurz verlangt hat.

Ein schmutziger Wahlkampf

Nach dem Parteitag beginnt bereits der Wahlkampf. Kurz selbst lässt sich nicht einmal mehr zum Vizekanzler in der Regierung machen, obwohl er Parteichef ist.

Er will mit der aktuellen Innenpolitik und Kanzler Kern nicht in Berührung kommen. Er plant stattdessen seine Kampagne.

Kurz sitzt häufig bis spätnachts in seiner Wohnung in Meidling zusammen mit seinem Team und berät über den Weg zum Kanzleramt. Bestellt wird Pizza von der Pizzeria »Rialto«, die in der Nähe seiner Wohnung liegt. Kurz' Stammitaliener, der eigentlich kein Italiener mehr ist, weil der Laden seit Jahren von einem Ägypter geführt wird.

Es ist ein Schmutzwahlkampf, der folgt. Ein Wahlkampf, in dem um sogenanntes »Dirty Campaigning«, um einen israelischen Wahlkampfberater und – natürlich – weiterhin vor allem um Flüchtlinge geht. Durchgängig wird Kurz in den ersten Wochen und Monaten des Wahlkampfs durch die Offenlegung interner Dokumente in den Medien überrascht.

Wieder ist es der »Falter«, der aufdeckt, dass im Außenministerium von Sebastian Kurz eine umstrittene Islamkindergartenstudie an entscheidenden Stellen umgeschrieben wurde. Und damit auch in der Wirkung verschärft wurde. So heißt es beispielsweise in der Originalfassung: »Muslimische Eltern suchen in den Islamkindergärten für ihre Kinder Werte wie Respekt, Gelassenheit, Individualität des Kindes, Hygiene, Zufriedenheit der Kinder, Pünktlichkeit und Transparenz der Regeln. In der Endfassung der Studie, die von Beamten des Ministeriums bearbeitet wurde, heißt es dann allerdings nur noch: »Besonders wichtig ist ihnen, dass den Kindern islamische Werte vermittelt werden.«

Die Aufregung ist für ein paar Tage lang groß, Kurz' Ministerium wird vorgeworfen, die Aussagekraft ohne das Wissen des für die Studie verantwortlichen Professors verschärft zu haben. Das Ministerium wehrt sich, dass alles in Absprache passiert sei, und setzt am Ende eine Kommission ein, die den Vorgang überprüft.

Für Kurz und sein Team ist in diesen Tagen aber nicht so sehr die Studie das Thema, sondern die Frage, wie der »Falter« an die Unterlagen kam. Noch dazu gibt es bei Facebook plötzlich auffällige Seiten, die Stimmung gegen Kurz machen.

Zwei Wochen vor der Parlamentswahl kommt schließlich heraus, dass die SPÖ mit diesen Seiten zu tun hat. Der Wahlkampfleiter muss zurücktreten. Ziel der Fake-Facebook-Seiten soll es gewesen sein, Sebastian Kurz zu diskreditieren.

Im Zentrum der Affäre: Der für die SPÖ tätige israelische Wahlkampfberater Tal Silberstein, der im August verhaftet wird. Dokumente von »Profil« und »Presse« decken auf, dass bewusst die Facebook-Seiten »Wir für Sebastian Kurz« und »Die Wahrheit über Sebastian Kurz« initiiert wurden. Gezielt erschienen dort Berichte, die Kurz in ein schlechtes Licht rücken.

»Vor diesen Dingen, also Fake News, hatte ich immer Angst und Sorge«, sagt Kurz. »Weil du dich ja dagegen kaum wehren kannst. Sobald eine Geschichte halbwegs glaubwürdig ist oder es jemanden gibt, der sie behauptet, kann sie stark genug sein, um jeden, der in der Öffentlichkeit steht, zu zerstören.«

»Ich war schon von Anfang an stutzig, weil das Ausmaß des Dirty Campaigning nicht mit anderen Wahlkämpfen vergleichbar war«, sagt Kurz. »Wir hatten mit den Seiten wirklich nichts zu tun, aber ich konnte das ja niemandem erklären. Die Seite war über Monate in den Medien und wir konnten nicht glaubwürdig vermitteln, dass sie nicht von uns kommt. Und das perfide war ja: Die Menschen haben uns kaum geglaubt, dass diese Seite eben nicht von uns kommt. Wir haben von Facebook eingefordert, dass die das offenlegen, und waren in einem Rechtsstreit, aber wir hatten halt keine Möglichkeit.«

Aber auch die ÖVP gerät in den Strudel. Ein ehemaliger Mitarbeiter, der von der ÖVP verdächtigt wird, für Silberstein zu arbeiten, wird von Kurz' Sprecher scheinbar angeworben, auf die Seite der ÖVP zu wechseln. SMS-Nachrichten mit Geldangeboten tauchen in der Öffentlichkeit auf.

Gerade in den letzten Wochen des Wahlkampfs nutzt Kurz die Enthüllungen rund um die SPÖ massiv, wirft Kern in den TV-Debatten das »Dirty campaigning« immer wieder vor und versucht, sich selbst als Saubermann zu präsentieren. »Ich werde niemanden anpatzen«, sagt er immer wieder.

Auch das soll Kurz' »neuen Stil« zeigen: Dass er Kanzler einer Regierung werden will, die ohne Streit und lösungsorientiert arbeitet. Was auf den ersten Blick absurd erscheint, denn er ist ja selbst seit 2011 Mitglied dieser Regierung. Aber wie die Umfragewerte zeigen, glauben die Leute ihm. In Österreich folgen vor allem viele junge Leute Kurz' Aufrufen, zu den öffentlichen Veranstaltungen zu kommen, in manchen Städten sind es Tausende, die sich seine Reden anhören unter dem Motto: »Zeit für Neues.« Und jede Veranstaltung ist immer auch ein bisschen wie ein Rock-Konzert, das will die türkise Kurz-Bewegung zumindest ausstrahlen. Musik, viele Selfies mit Kurz, ein knappe politisch Ansprache. Wahlkampf nach amerikanischer Art.

In den TV-Duellen greifen sich Kern und Kurz emotional gegenseitig an. Während Kurz Kern vorwirft, mit einer Schmutzkampagne die österreichische Politik vergiftet zu haben, und sich auf das Engagement von Silberstein bezieht, schießt Kern gegen Kurz zurück und wirft ihm vor, einem Mitglied von Silbersteins Team Geld geboten zu haben, um an Informationen über dessen Vorgehen zu kommen.

Die Österreicher verlieren in dem Schmutzwahlkampf zunehmend den Überblick. Es sieht zunächst so aus, dass vor allem die FPÖ immer weiter zulegen kann. Es scheint plötzlich auch nicht mehr ausgeschlossen, dass Strache am Ende der ganz große Sieger wird.

Kurz ist am Wahlabend nervös. Er kann sich jetzt alles vorstellen, will nach den ersten Prognosen, die seine Partei am Nachmittag erhält, nicht glauben, dass die ÖVP wirklich gewonnen hat. Er sitzt mit seinem Team in seiner Wohnung in Meidling zusammen. »Warum seid ihr euch sicher, woher habt ihr das?«, fragt Kurz immer wieder. Die Anspannung und der Stress der vergangenen Wochen werden jetzt offensichtlich.

Es ist am Ende ein klarer Wahlsieg, die ÖVP kommt auf 31,5 Prozent, die SPÖ landet bei 26,9 und die FPÖ bei 26 Prozent.

Woran hat es am Ende gelegen? Kurz fühlt sich durch den Sieg vor allem durch seinen langjährigen Kurs bestätigt.

»Ich glaube, es war der Wunsch nach Veränderung und auch langjährige harte Arbeit, die dazu geführt hat, dass die Leute einfach sehr genau wissen, was sie bekommen, wenn sie mich wählen, das war am Ende ausschlaggebend«, sagt er. »Viele Menschen haben sehr genau gewusst, wie ich ticke, wie ich inhaltlich ticke, wie mein Politikverständnis ausschaut, wie mein Verständnis von Staat ist, von Gesellschaft, von Grundwerten.«

Koalitionsverhandlungen mit der FPÖ

Aber der Wahlsieg allein reicht nicht. Noch am Abend beginnt ein Krimi. Und Kurz glaubt, dass ihm das Kanzleramt tatsächlich noch genommen werden könnte, weil SPÖ und FPÖ im Geheimen längst über Koalitionsmöglichkeiten gesprochen haben. Das Magazin »Trend« berichtet später, dass sich Strache und Kern mehrfach getroffen haben, um über die Option zu diskutieren. Die Mehrheit der FPÖ-Verantwortlichen soll dafür sein.

Während Strache einer Koalition mit der SPÖ offen gegenüber steht, ist aber die FPÖ-Basis dagegen. Als über den Plan in der Öffentlichkeit diskutiert wird, gibt es für Strache erheblichen Gegenwind. Er kommt an der ÖVP nicht vorbei.

Aber nicht nur für Strache ist es schwierig, auf Kurz zuzugehen, auch der ÖVP-Chef hat Probleme, schließlich hat er Strache in der Vergangenheit hart kritisiert.

»Ich werde es auch wieder tun, wenn ich es für notwendig und angebracht erachte, aber dieser Wahlkampf war anders«, sagt Kurz. »Ich habe Plakate wie ›Daham statt Islam‹, ›Pummerin statt Muezzin‹ immer kritisiert. Diese Plakate gab es in dem Wahlkampf nicht. Da ist, glaube ich, gestanden ›Vordenker statt Spätzünder‹. Jetzt kann man sich natürlich als Politiker immer darüber beklagen, wenn jemand anderes sich als Vordenker und alle anderen als Spätzünder bezeichnet, aber ich würde sagen, das ist im Bereich der normalen politischen Werbung. Wichtig ist mir, was bei den Koalitionsverhandlungen rausgekommen ist. Und da gab es ein klares Bekenntnis, gegen Antisemitismus zu kämpfen, und ein Bekenntnis zu einer guten Partnerschaft mit Israel. Und, ganz wichtig: Dass wir zu Europa stehen.«

Mit Strache hat Kurz auch über dessen Vergangenheit gesprochen. »Wir haben schon einmal darüber geredet, und ich glaube, dass er wie wahrscheinlich viele Menschen, nicht alles, was er schon einmal gemacht hat oder gesagt hat, genauso wieder tun würde.«

Die Debatten um Straches rechtsradikale Vergangenheit reißen aber in Europa nicht ab. Insbesondere in Frankreich und Deutschland wird darüber massiv berichtet. Und in französischen Medien wird sogar die Frage aufgeworfen, ob die französische Regierung die FPÖ komplett boykottieren müsse. Auch in Deutschland scheint es nur schwer vorstellbar, dass ein Vizekanzler mit einer solchen Vergangenheit intensive Kontakte zur deutschen Regierung aufbauen können wird.

Die Frage wird sein, wie laut die FPÖ künftig auftreten wird.

Die Koalitionsverhandlungen zwischen ÖVP und FPÖ im November und Dezember verlaufen erstaunlich ruhig, es gibt kaum »Leaks«, wenig Streit in der Öffentlichkeit. Die größte Debatte im November entsteht durch Sätze, die Präsident Alexander Van der Bellen gegenüber EU-Diplomaten gesagt haben soll und über die die »Kronen Zeitung« berichtet. »Sebastian Kurz ist ein irritierender junger Mann, der kaum Alkohol trinkt, nicht raucht und auch keinen Kaffee trinkt«, heißt es darin. Kurz sei »sehr flexibel« und werde sich immer nach dem EU-Mainstream richten. Außerdem nennt Van der Bellen angeblich Namen von FPÖ-Ministern, die er auf keinen Fall akzeptieren wolle.

Bei den Koalitionsverhandlungen werden sich FPÖ und ÖVP inhaltlich schnell einig. Bei der Migrationsdebatte gab es ohnehin viel Einigkeit, Kurz verlangt der FPÖ ein klares Europa-Bekenntnis ab und Volksabstimmungen über einen »Öxit« sind in den nächsten fünf Jahren nicht erlaubt.

Kurz gibt der FPÖ als Ausgleich die wichtigen Ministerämter. Aber ausgerechnet, als Kurz und Strache das Ergebnis bereits präsentieren wollen, preschen Männer in der ÖVP nach vorn, mit denen Kurz schon gar nicht mehr gerechnet hatte. Mehrere Landesobleute stellen sich quer und wollen die ÖVP-Minister nicht akzeptieren, weil sie sich nicht genügend wiederfinden mit ihren Landesverbänden. Aber Kurz besteht auf Veränderung und will eben deshalb nicht mehr ein allein auf den Proporz ausgerichtetes Kabinett. Es sind die schwierigsten Stunden für ihn seit der Wahl, er führt ein Telefongespräch nach dem anderen, versucht die ÖVP auf seine Linie einzuschwören. Am Ende geht es nur mit einem Machtwort.

Kurz beruft sich auf das, was beim Parteitag beschlossen wurde: Dass er allein über das Personal bestimmt.

Ein riskanter Zug, denn auch wenn Kurz vorübergehend gewonnen hat, muss er damit rechnen, dass diejenigen ihn als Erste kritisieren werden, wenn die Umfragewerte nach unten gehen.

Aber Kurz ist das zumindest jetzt egal. Er ist Kanzler.

Es ist der Gang in die Zukunft, den Kurz antritt, als er am Mittag des 18. Dezember nach der Angelobung endlich dort hindarf, wo er immer hinwollte: ins österreichische Kanzleramt. Der Amtssitz, ein Palais am Ballhausplatz, das eher einem Schloss gleicht, wird von Christian Kern seinem Nachfolger übergeben. Ein kurzes Händeschütteln, »alles Gute«, dann ist Kern weg, die Übergabe dauert nicht länger als fünf Minuten. Die Enttäuschung darüber, dass jetzt ausgerechnet Sebastian Kurz hier einzieht, ist in Kerns Gesicht zu lesen.

Sebastian Kurz bezieht das »Kreisky-Zimmer« im Kanzleramt, nicht wie Kern das »Metternich-Zimmer«. Er ist hektisch in diesen ersten Stunden im neuen Job, ein Telefonat nach dem anderen wird in sein Amtszimmer weitergeleitet, Kanzlerin Angela Merkel ruft an, will ein schnelles Treffen vereinbaren. Merkel war und ist Kurz zwar kritisch gegenüber eingestellt, aber insbesondere seine Bewegung hat sie beeindruckt.

Nach Merkel meldet sich auch der kanadische Premier Justin Trudeau. Und Kurz nutzt die Gelegenheit, um mit ihm auch seine kritischen Anmerkungen direkt nach der Wahl zu besprechen, als Trudeau gesagt hatte, er habe wohl noch mehr mit Trump gemeinsam als mit diesem jungen Österreicher.

Kurz macht es freundlich, aber verweist darauf, wie viele Flüchtlinge Österreich in der Krise 2015 aufgenommen hat.

»Wir werden weiter versuchen, Brückenbauer zu sein« – die Zukunftspläne

Es sind für ihn vor allem die Anrufe der europäischen Regierungschefs, die ihn direkt an seinem ersten Amtstag auf das Thema lenken, das ihn auch innerlich während der Zeit als Außenminister am meisten beschäftigt: Die Zukunft der Europäischen Union.

Kurz nimmt auf einer der kleinen Bänke in dem prunkvollen Raum im Kanzleramt Platz, richtet seine Krawatte, die er als Kanzler noch häufiger tragen wird, als er über seine am nächsten Tag stattfindende Reise nach Brüssel nachdenkt.

»Ich glaube, dass Europa eine starke Gemeinschaft sein muss, die gleichzeitig Vielfalt zulässt«, sagt Kurz. »Wenn das Ziel der europäischen Union ist, in jedem Bereich die gleichen Regelungen für alle 28 Mitgliedsstaaten zu schaffen, dann wird Europa scheitern. Wenn die europäische Union es schafft, stärker in großen Fragen zu kooperieren, aber die Vielfalt, die es nun mal gibt in den unterschiedlichen Ländern, auch zuzulassen, dann wird die europäische Union auch in Zukunft ein Erfolgsprojekt sein.«

Die Sorge vieler Europäer ist in Bezug auf Kurz, dass er sich mehr in Richtung der Visegrad-Staaten orientieren wird, bestehend aus Polen, Tschechien, Slowakei und Ungarn.

»Wir haben natürlich zu Ungarn einen intensiven Kontakt, weil wir viele Themen haben, wo wir an einem Strang ziehen müssen«, sagt Kurz. »Es ist für uns vor allem ein Nachbarland, mit dem wir viel Kontakt haben, das ist alles. Wenn es Probleme bei der Rechtsstaatlichkeit und der Demokratie gibt, dann muss die EU da nicht nur genau hinschauen, sondern auch versuchen gegenzusteuern. Da gibt es ja ganz klare Verfahrensregeln, wie die Kommission hier auch überprüfend tätig werden kann, und das habe ich immer unterstützt dort, wo es notwendig war, zum Beispiel in Polen.«

Und doch macht Kurz einen Unterschied. Dort, wo andere EU-Regierungschefs in Bezug auf Ungarn oder Polen aufhören zu reden, will er immer noch etwas hinzufügen.

»Was ich noch nie getan habe, war aber zu versuchen, es so darzustellen, als gäbe es in der Europäischen Union die besseren und die schlechteren Mitglieder. Die moralisch überlegenen und die moralisch unterlegenen. Die Bevölkerungen in Deutschland und Österreich und die noch zu erziehenden Bevölkerungen in Polen und anderswo. Warum habe ich das so gehandhabt? Weil ich glaube, dass diese Geisteshaltung die Europäische Union zerstört. Für mich gilt: Kein Wegsehen, wenn Demokratie oder Rechtsstaat in Gefahr sind, aber gleichzeitig auch niemals ein Agieren mit Hochnäsigkeit.«

Allerdings sorgt Kurz mit seiner Sicht auf Ungarn für viel Empörung innerhalb der EU, wenn er zum Beispiel fordert, dass die Verteilung nach festen Quoten aufhören muss. »Staaten zur Aufnahme von Flüchtlingen zu zwingen, bringt Europa nicht weiter«, sagt Kurz.

Die Frage ist dann allerdings, wie ein Europa der Zukunft aussehen kann, wenn es faktisch keine gemeinsame europäische Flüchtlingspolitik mehr geben soll. Und die andere Frage ist, was es für Staaten wie Deutschland bedeutet, wenn immer mehr andere Staaten keine Flüchtlinge mehr aufnehmen wollen.

In Brüssel, so hat er es sich vorgenommen, will Kurz auch möglichst schnell über Reformen sprechen. Er klingt dabei ein wenig so wie alle Politiker, wenn sie über die EU sprechen. Mit dem Unterschied, dass einem niemand einfällt, der die EU als Regierungschef aus der Perspektive eines 31-Jährigen betrachtet.

»Das klingt jetzt vielleicht nicht so spannend«, sagt Kurz und schaut durch das Palais im Kanzleramt, »aber wenn die

Europäische Union oftmals in Fragen gelähmt ist, dann ist es aufgrund von schlechten Regeln, wie entschieden wird. Wir haben ganz wenige alleinige Kompetenzen der Europäischen Union, ganz wenige alleinige Kompetenzen der Mitgliedsstaaten, aber eine elendslange Liste an gemeinsamen Kompetenzen. Da ist natürlich eine Veränderung notwendig, das halte ich für total entscheidend. Und was ich mir auch wünsche, ist ein stärkerer Blick auf den Rest der Welt. Da bin ich sicherlich auch geprägt durch meine Tätigkeit als Außenminister, aber wir haben in Europa teilweise noch immer eine gewisse Überheblichkeit gegenüber anderen Regionen dieser Welt, fast schon eine Saturiertheit, das Gefühl einer Überlegenheit, der Glaube daran, dass wir ohnehin allen anderen meilenweit voraus sind und gar nicht sehen, wie andere Regionen aufholen und uns teilweise überholen.«

Kurz hat das vor allem in Tel Aviv oder auch Singapur erlebt. »Innovation findet immer weniger in Europa statt. Das hat sich mehr und mehr hinaus verlagert. Wenn ich mir anschaue, wo es die besten Universitäten oder Bildungseinrichtungen dieser Welt gibt, das ist keine Selbstverständlichkeit mehr, dass das alles in Europa ist.«

Die Mitarbeiter des Kanzlers finden sich auch im Palais schnell zurecht. Während er weiter Telefonate von Staats- und Regierungschefs empfängt, werden Möbel umgestellt, Computer aufgebaut, Kunstwerke ausgetauscht.

Aber es sind die gleichen Gesichter, die einst auch im Außenamt saßen. Kurz will seine Truppe, die so erfolgreich war, nicht verändern. Und das Gleiche gilt für seine Themen.

»Wir werden weiter versuchen, Brückenbauer zu sein«, sagt er. »Wir sind ein Land, das geografisch genau an der Schnittstelle zwischen Ost und West liegt, und das auch aufgrund unserer Geschichte die Möglichkeit hat, eine Brücke zwischen Ost und West zu sein. Und das war mein Ziel als Außenminister, und das werde ich auch versuchen, als Bundeskanzler wahrzunehmen. Wir müssen eine Normalisierung unseres Verhältnisses mit Russland zustandebringen und wir haben die große Aufgabe, einen Beitrag in der Ost-Ukraine zu leisten, um dort eine friedliche Lösung zu finden. Sobald es eine Verbesserung der Sanktionen in der Ost-Ukraine gibt, sollen natürlich auch die Sanktionen beendet werden. Ich unterstütze da die Linie, die Steinmeier einst vorgegeben hat: Wenn es eine Verbesserung vor Ort gibt, muss es eine schrittweise Rücknahme der Sanktionen geben.«

Während Kurz über diese »schrittweise Rücknahme« nachdenkt, ist davon in der Ost-Ukraine allerdings wenig zu sehen. Allein im Dezember 2017 gibt es mehr als zehn Tote, und die USA kündigen an, die Ukraine mit »verbesserten Verteidigungskapazitäten« auszurüsten, um »die eigene Souveränität und territoriale Integrität« zu verteidigen.

Im Krieg ist kein Ende in Sicht. Und doch spricht Kurz immer wieder über die Sanktionsfrage. »Das Ziel für die gesamte Region muss eine Sowohl-als-auch-Politik sein. Also sicherzustellen, dass Staaten wie die Ukraine, wie Georgien, wie Moldau, wie Belarus, dass die sich an die Europäische Union annähern können und gleichzeitig ein positives Miteinander mit Russland möglich sein muss. Russland hat kein Recht, diesen Staaten ihre politische Linie vorzugeben, nur weil sie mal Teil der Sowjetunion waren. Auf der anderen Seite können wir als Europäische Union kein Interesse daran haben, etwas zu tun, was diese Staaten in ein Spannungsverhältnis bringt, das negative Auswirkungen für alle mit sich bringt. Das muss unser Ziel sein. Und da werde ich mich bemühen, als kleines Land einen Beitrag zu leisten.«

In Brüssel und später vor allem in Berlin, das ist Kurz klar, wird er aber vor allem auch wieder über die Migration sprechen. Schon jetzt zeichnet sich ab, dass dies zumindest in den nächsten Monaten auch in der Öffentlichkeit ein großes Thema bleiben wird. Immer unter der Überschrift: Kurz gegen Merkel. Der Mann, der die Balkan-Route geschlossen hat gegen die Frau, die für offene Grenzen steht.

Kurz spricht selbst gern über offene Grenzen – aber meint die in Europa.

»Ich bin nicht nur für offene Grenzen innerhalb von Schengen, sondern ich bin auch dafür, dass mehr Länder Teil des Schengen-Raums werden, wenn sie die Kriterien erfüllen. Und ich bin der Meinung, dass das eins der höchsten Güter in der Europäischen Union ist, und das gilt es mit aller Kraft zu verteidigen und zu erhalten. Und dieses Europa der offenen Grenzen kann auch nur funktionieren, wenn wir funktionierende Außengrenzen haben.«

Kurz will das zu einem Kernthema in Europa machen, weil es aus seiner Sicht vor allem die eigene Generation betrifft. »Das ist mit ein Grund, warum ich so vehement für funktionierende Außengrenzen eintrete und auch alles tue, um einen Beitrag zu leisten, dass wir diese funktionierenden Außengrenzen schaffen, weil ich genau weiß, wenn wir die nicht haben, dann wird es unsere Generation sein, die noch erlebt, dass dieses Europa ohne Grenzen nach innen wieder in sich zusammenbricht und auf einmal die Grenzen wieder entstehen. Und ich fand es spannend, dass es ja nicht diejenigen waren wie ich, die für ein Ende der ungesteuerten Migration waren, die als Erstes Grenzen hochgezogen haben, sondern das waren interessanterweise genau die Staaten wie zum Beispiel Deutschland, die für die unbeschränkte Aufnahme eingetreten sind. Ich glaube jetzt gilt es das zu reparieren, was ab 2015 falsch gemacht wurde, und ich freu mich schon auf den Tag, wo wir sagen können, wir haben funktionierende Außengrenzen und die Grenzen innerhalb der Europäischen Union gehören endlich wieder der Geschichte an.«

Mit zwei Regierungschefs, so hofft Kurz, wird er besonders intensiv zusammenarbeiten. Zum einen mit der Kanzlerin Angela Merkel, und zum anderen mit dem französischen Staatspräsidenten Emmanuel Macron.

»Ich bin der Meinung, dass Angela Merkel die erfahrenste Spitzenpolitikerin Europas ist, die jahrelang nicht nur Deutschland, sondern ganz Europa geprägt hat«, sagt Kurz. »Die CDU/CSU ist unsere Schwesterpartei und ein erfolgreiches Deutschland ist insbesondere aufgrund der engen wirtschaftlichen Verflechtungen mit Österreich ganz wichtig für uns. Wir wünschen uns ein erfolgreiches Deutschland mit Angela Merkel an der Spitze und wir werden versuchen, unseren Beitrag auf europäischer Ebene zu leisten, dass sich Europa in die richtige Richtung entwickelt. Da wird es sehr oft gemeinsame Standpunkte geben, da wird es manchmal vielleicht auch unterschiedliche Standpunkte geben, aber das darf man sich auch als kleines Nachbarland Österreich durchaus erlauben, und ich halte es auch für gut so.«

Mit Macron verbindet Kurz das Alter, sie beide werden möglicherweise stilprägend sein für eine neue Generation von Politikern.

»Da gibt es viele Gemeinsamkeiten, was die Herangehensweise an Politik betrifft, auch der Mut, Entscheidungen zu treffen und notwendige Reformen anzugehen. Die Notwendigkeit gibt es ja in Frankreich genauso wie in Österreich. Nicht nur Frankreich hat da und dort die Notwendigkeit, schlanker in der Verwaltung zu werden, sondern die gibt es auch in Österreich. Nicht nur Frankreich hat die Notwendigkeit, als Wirtschaftsstandort wieder attraktiver zu werden, sondern auch wir haben Luft nach oben. Was ich extrem positiv finde, ist, dass er die Ambition und auch den Willen hat, auf europäischer Ebene etwas zu verändern, und viele seiner Ansätze kann ich zu 100 Prozent unterschreiben. Allerdings gibt es natürlich in anderen Fragen wie der Finanzfrage große Unterschiede.«

Es sind die großen Fragen, die Kurz in seinen ersten Tagen im Amt bewegen. Aber vor allem geht es für ihn und sein Team darum, Fehler zu vermeiden. Das war immer so, in jedem neuen Amt, das er übernommen hat. Fehler vermeiden, das ist die halbe Miete. Und natürlich setzt er auf Kommunikation, noch am Abend des ersten Tages ein Interview im »ORF«, zuvor Interviews in allen wichtigen österreichischen Zeitungen. Er will die Hoheit über die Schlagzeilen behalten.

Für Kurz lauern die Probleme jetzt insbesondere im Inland, und er weiß, wie viele Fallen ihm gestellt werden können, sowohl vom Koalitionspartner als auch von der eigenen Partei.

Während Kurz durch die Räume im Palais schreitet, stellt man sich automatisch die Frage, wie lange er hier wohl bleiben wird. Und was seine Amtszeit prägen könnte.

Kapitel 6

Die Zukunft

Wer ist Sebastian Kurz?

Sebastian Kurz ist eine Ausnahmeerscheinung in der europäischen Politik. Er ist nicht nur der jüngste Politiker, dem ein europäisches Land nach dem Zweiten Weltkrieg je seine Zukunft anvertraut hat. Er ist auch der Einzige, der es geschafft hat, eine konservative Partei in seine persönliche Bewegung umzuwandeln und zum Erfolg zu führen. Er ist auch der Einzige, der das ohne vorherigen Job geschafft hat, denn Kurz hat sein Jura-Studium abgebrochen. Er ist also von Beruf: Politiker.

Anders als Emmanuel Macron in Frankreich hat er nicht eine komplett neue Bewegung gewagt, sondern einfach die Strukturen gewandelt.

Er ist ein Meister der medialen Inszenierung und – wohl noch wichtiger – der seltene Typ Politiker, der jedem Menschen das Gefühl geben kann, gerade nur für ihn da zu sein, nur ihm zuzuhören, sich nur für ihn zu interessieren und seine Probleme genau zu verstehen und zu den eigenen zu machen. Sebastian Kurz ist schon in so jungen Jahren ein Volkstribun.

Und er ist in seinen Ansichten flexibel: Bisher hat er sich vor allem daran orientiert, was populär erscheint. Ihm geht es nie um ein bestimmtes Label in der Politik, selbst mit dem Begriff des Konservatismus kann er wenig anfangen. Er gibt sich un-ideologisch und immer am Machbaren orientiert.

Aber wer ist Kurz dann?

Sebastian Kurz ist so makellos und nahezu fehlerfrei in seinem Auftreten und seiner Kommunikation, dass man nur schwerlich sagen kann, wie und wer er wirklich ist. Das Geheimnis Kurz, das Geheimnis, das ihn im Wahlkampf 2017 so erfolgreich gemacht hat, ist auch, dass die Wähler immer noch nicht genau wissen, mit wem sie es da eigentlich zu tun haben.

Er ist jung, er hat sich als Außenminister bewährt, sich bei der Balkan-Route gegen Merkel gestellt – das hat für die meisten Wähler wohl gereicht. Vielleicht kann so jeder ein wenig sein eigenes Bild und seine eigenen Vorstellungen auf Kurz übertragen.

Aber was lässt den Mann die Kontrolle verlieren? Woran glaubt er? Wo will er hin mit Österreich? Oder sieht er die Kanzlerschaft vor allem als bergigen Weg zum nächsten Karrieregipfel?

Wichtig wird sein, wo Sebastian Kurz sich im Konstrukt der europäischen Politiker einfügen wird. Eher nah bei der deutschen Kanzlerin Angela Merkel und jenen, die die Europäische Union bedingungslos zusammenhalten und die europäische Integration weiter vorantreiben wollen? Oder wie Theresa May europakritisch? Oder etwa sogar bei den Visegrad-Staaten um Ungarns Ministerpräsidenten Viktor Orbán? Seine ersten Entscheidungen deuten darauf hin, dass er die europäischen Belange nah an sich ziehen und damit auf den ersten Blick aufwerten wird. Das würde ihm die Möglichkeit geben, eine zweigleisige Europapolitik zu verfolgen, die ihm und seinen Wählern entsprechen würde: pro-europäisch einerseits, aber kritisch gegenüber der Brüsseler Verwaltung und versehen mit zahlreichen Reformforderungen. Immer mit der Intonation: Seht her, wie wichtig mir Europa ist. Wir müssen es reformieren, bevor es uns auseinanderfliegt. Das würde eine große Nähe zu Theresa May und den Briten ergeben. Kanzlerin Merkel würde den Kurs öffentlich nicht kritisieren, sondern hinnehmen, aber dennoch misstrauisch beäugen, weil das Verlangen nach einem ähnlichen Vorgehen auch in Deutschland schnell zunehmen und Kurz-Verbündete und Merkel-Kritiker wie Jens Spahn auf den Plan rufen könnte. Den Franzosen Macron hätte Kurz mit einer solchen Politik massiv gegen sich. Denn der ist auf ein Europa angewiesen, das finanziellen Transfer eher noch ausbaut, statt ihn zu beschränken.

Was man sicher über Sebastian Kurz sagen kann: Seine Bewährungsprobe liegt noch vor ihm. Zwar hat er sich in der Ukraine-Krise geschickt verhalten und ist in der Flüchtlingskrise als Macher im Namen des Volkes mit großem politischem Geschick aufgetreten. Auch ist er bei seiner Entscheidung, die Grenzschließung gegen den Willen der Merkel-Regierung voranzutreiben, ein großes politisches Risiko eingegangen. Aber nie ruhte die enorme Verantwortung auf seinen Schultern, die allerletzte Entscheidungsinstanz zu sein. Auch hat Kurz seine Karriere in wirtschaftlich stabilen Zeiten gemacht. Strukturelle Umwälzungen wie jene, die seinen Vater vorübergehend den Job kosteten, oder unvorhersehbare Erdbeben wie Lehman-Brothers- und Bankenkrise blieben ihm bisher erspart. Bisher konnte er weitestgehend frei entscheiden, was er politisch für richtig und geboten hielt. Was aber, wenn eine Krise ihn vor die Wahl zwischen Ordnungspolitik und unabsehbaren Konsequenzen stellt? Zwischen Bankenrettung und Bankenschließung? In einer solchen Situation, in der das Populäre oder gar Populistische verheerende Auswirkungen haben kann, musste Kurz sich bisher noch nicht beweisen. Es werden seine Entscheidungen in solchen Situationen sein, die seine weitere Karriere prägen und seinen weiteren Weg bestimmen werden.

Gelingt der politische Balanceakt?

Sebastian Kurz wird nahezu im Alleingang bestimmen, wie Europa und die Welt auf das kleine Österreich blicken. Er hat sich mit der FPÖ einen Koalitionspartner gewählt, der weit rechts vom europäischen Konsens steht. Als Österreich das letzte Mal – mit Jörg Haider – einen so bedeutsamen Rechtsschwenk vollzog, reagierte Europa noch mit sogenannten »Sanktionen« gegen das EU-Mitglied. Davon ist man heute weit entfernt, auch ein Zeichen dafür, wie weit Europa insgesamt in den vergangenen Jahren nach rechts gerückt ist. Dennoch wird Österreich in den kommenden Monaten misstrauisch beäugt werden, ist gewissermaßen auf politischer Bewährung. Kurz hat als Zugeständnis an die FPÖ bei den Koalitionsverhandlungen den kompletten österreichischen Sicherheitsapparat in ihre Hände gelegt. Die neue Außenministerin Karin Kneissl wird vom Staat Israel boykottiert, ins Innenministerium zieht mit Herbert Kickl ein radikaler Rechter ein, der im Wahlkampf immer wieder auf Holzhammer-Parolen setzte.

Freundlicher wirkt die vom Tourismus abhängige Alpenrepublik durch diese Leute sicher nicht. Es wird an Sebastian Kurz liegen, geschickt auszutarieren, welche Gesetzesvorhaben zwar im Sinne vieler FPÖ- und auch ÖVP-Wähler liegen mögen, der freundlichen und weltoffenen Tourismus-Marke Österreich aber massiven Schaden zufügen würden. Und es wird seine Herausforderung sein, seine Koalitionäre dann von ihrem Kurs abzubringen, ohne damit seine eigene Regierungsfähigkeit zu gefährden.

Klar ist: Migration ist zwar ein wichtiges Thema, wird auf Dauer aber nicht reichen, um eine politische Karriere zu tragen und Wahlen zu gewinnen. Sebastian Kurz wird sich neu erfinden müssen. Was wird seine politische Idee sein, die gestaltet, statt bloß Zuwanderung zu verhindern? Wie wird er Österreich aus der verfilzten Selbstgefälligkeit der letzten Jahre herausholen und dabei Arbeitsplätze und Wachstum schaffen?

Beunruhigend an Kurz' Regierungsmannschaft ist die Nähe zu Russland und blutrünstigen Diktatoren wie dem Syrer Bashar al Assad. Kurz, der sich mit dem russischen Außenminister Sergej Lawrow ausgezeichnet versteht und duzt, hat Leute in sein Kabinett geholt, die große Sympathien für Putins Prinzip des starken Mannes haben und eine Verbesserung der österreichischen Beziehungen zu Russland vorantreiben wollen. Strache hat sogar eine Kooperation mit der Kreml-Partei unterschrieben.

Zuallererst geht es hier um die Sanktionen gegen Russland im Zusammenhang mit der Ukraine-Krise. Die Sanktionen haben nur dann Bestand, wenn Europa sich einig ist. Architektin der Sanktionen ist Angela Merkel. Wenig bindet Europa derzeit so stark an die Vereinigten Staaten von US-Präsident Donald Trump wie die Einigkeit in der Sanktionsfrage. Würde Kurz sich für eine Aufweichung oder gar Aufhebung ohne Gegenleistung einsetzen, müsste er sich von Merkel und den USA abwenden und als Kanzler eines kleinen Landes neue Allianzen und Bindungen suchen. Schnell ginge der Blick nach Osten, wo mit Polen und Ungarn zwei Länder bereit stehen, deren Regierungen mit Putins autoritären Ideen liebäugeln. Und Kurz gilt als Verbündeter Ungarns, hat sich zum Beispiel in der Migrationsfrage hinter Orbán gestellt und hält die Verteilung von Flüchtlingen nach dem Quotensystem für gescheitert. Das wiederum wird für massiven Streit mit

Kanzlerin Merkel sorgen, die die Auffassung vertritt, dass Europa ohne eine solche Solidarität nicht funktionieren kann.

Aber in seiner Amtszeit wird Kurz weniger der Wächter der europäischen Außengrenzen gegen eine neue Flüchtlingswelle sein, sondern vielmehr Verantwortung dafür tragen, dass der demokratiefeindliche Geist des Putin-Regimes nicht noch mehr Zugang, Sympathien und Unterstützung in West- und Mitteleuropa gewinnt.

Spielball dieser widerstrebenden Ideen wird weiterhin die Ukraine bleiben, die in den letzten Jahren am schwersten und blutigsten unter Putins Expansionismus und Nationalismus gelitten hat und Kurz' erste große Prüfung als junger Außenminister war. Es ist schwer, hier eine Prognose zu wagen, aber wahrscheinlicher scheint doch, dass Kurz für die freiheitlichen Ideen Europas einstehen wird.

Seine Erfahrungen als Außenminister haben ihn dabei geprägt. Zwar hat er ein enges Verhältnis zu Russland entwickelt, aber er pflegt auch weiterhin sehr enge Kontakte zur Ukraine. Seine Reisen auf den Maidan und ins Kriegsgebiet in der Ostukraine wird Kurz in seinem Leben nicht mehr vergessen. Dass er auf Kosten dieser Menschen, die unter dem Beschuss Russlands am meisten zu leiden haben, Politik macht, ist nur schwer vorstellbar.

Doch es kann passieren, dass er dafür einen politischen Preis zahlen muss, wenn die FPÖ weiter auf eine Aufhebung der Sanktionen drängt.

Die ÖVP setzt darauf, dass es für den Koalitionspartner FPÖ jetzt vor allem darum geht, endlich akzeptiert zu werden in der Gesellschaft. Die Tatsache, dass die Führungsmannschaft mit Ministerposten und Dienstwagen versorgt ist, kann allein schon dazu führen, dass der vorher in der Opposition so ausgeprägte Elitenhass plötzlich weniger wird. Und die ÖVP hofft auch, dass die FPÖ-Minister in der Koalition so sehr mit ihren Aufgaben beschäftigt sind, dass ihnen für öffentliche Ausfälle wenig Zeit bleibt.

Aber dieser Traum kann schnell zerplatzen, denn diejenigen, die an der Macht sind, haben schon in der Vergangenheit gezeigt, wie unberechenbar sie sind. Wenn die Umfragewerte von Kurz steigen und die Umfragewerte der FPÖ gleichzeitig fallen, droht sofort Ungemach. Kurz muss also – egal ob er will oder nicht – auch dafür sorgen, dass die FPÖ in der Koalition Erfolge feiern kann.

Und da wird es bereits sehr kompliziert. Kurz muss sich nämlich vor allem auf sich selbst konzentrieren.

Eine mögliche Agenda Sebastian Kurz

Drei große Themen werden aller Wahrscheinlichkeit nach darüber bestimmen, ob aus dem sogenannten »Wunderkind« Sebastian Kurz eine historische Figur wird oder ob er nur eine Laune der vom Althergebrachten genervten Wähler bleiben wird: allem anderen voran Arbeitsplätze und die Wirtschaft. Dann sein Umgang mit Elitenfeindlichkeit und Globalisierungsangst und sein Geschick darin, nicht irgendwann selber als elitär wahrgenommen zu werden. Und schlussendlich, wie er Österreich positioniert zwischen den Ängsten vor weiteren Flüchtlingsströmen und der Notwendigkeit, ausländische Arbeitskräfte und internationales Kapital anzuziehen.

Was bei allen Herausforderungen für ihn spricht, ist sein junges und trotzdem schon extrem erfahrenes Team, das ihn loyal seit seinen ersten politischen Schritten begleitet. Seine Mannschaft ist blind eingespielt und komplett auf seine Bedürfnisse, seinen Charakter, seine Geschwindigkeit ausgerichtet. Und besonders wichtig: Alle engen Mitarbeiter und Vertrauten kennen Sebastian Kurz gut und lang genug, um ihm auch mal ehrlich zu sagen, wenn er mit einer Idee, einer Position oder Einschätzung falsch liegt.

Das junge Team von Kurz ist längst noch nicht satt und fühlt sich deshalb gerade jetzt im neuen Amt wieder neu gefordert. Das kann für den Kanzler gar nicht hoch genug eingeschätzt werden, denn sein Sieg gegen Christian Kern bei der Wahl hatte sehr viel damit zu tun, dass sein Team besser aufeinander eingespielt war und Kurz weniger als Kern auf externe Berater gehört hat.

Das war auch beim Einzug ins Bundeskanzleramt zu erkennen. Alle Mitarbeiter wussten sofort, wer wohin gehört und was zuerst getan werden muss. Die ersten Reisen (Brüssel, Frankreich) konnten sofort organisiert werden. Keine Panne passierte Kurz in diesen ersten Tagen. Besonders wichtig war seine Botschaft in Brüssel, die dort bei den EU-Spitzen gut ankam. Jemand, der für seinen ersten Auslandsbesuch nach Brüssel fliegt (auch als Kanzler in der Economy-Klasse) kann gar nicht europafeindlich sein.

So war die Lesart, so wollte es Kurz. Er selbst hat die pro-europäische Linie seiner Regierung in Brüssel noch einmal ausdrücklich betont. Und den Aufstand der israelischen Regierung, die keine FPÖ-Minister und damit auch nicht die Außenministerin empfangen will, konnte Kurz' Team abfedern durch die guten Kontakte, die der Kanzler zu Premier Benjamin Netanjahu hat.

Wirtschaftlich steht Österreich besser da als viele andere Länder in Europa. Anders als zum Beispiel Griechenland hat sich die österreichische Tourismusindustrie nie zufrieden gegeben mit dem Status quo, sondern Jahr um Jahr in touristische Infrastruktur investiert. Das Preisniveau ist dadurch kontinuierlich gestiegen, Millionen Touristen bringen Jahr für Jahr Milliarden Euro ins Land. Die Wirtschaftsdaten sind auch insgesamt besser als erwartet, aber die OECD mahnt dennoch immer wieder tiefergreifende Strukturreformen an. Die Unternehmensgründung sollte erleichtert, Start-ups sollen stärker gefördert und Beschränkungen abgebaut werden.

Hier könnte Sebastian Kurz' Platz in einer Erfolgsgeschichte sein.

Sein außenpolitisches Gespür wird ihm helfen, aber allein nicht ausreichen, um nachhaltig Spuren in den Geschichtsbüchern zu hinterlassen. Was er braucht, ist eine gesellschaftspolitische Idee, die zu der Größe seiner Bewegung passt, eine Vision davon, wie Österreich in einem Jahrzehnt aussehen soll. Davon ist bisher wenig zu erkennen, im Wahlkampf hielt er sich mit solchen Ideen, die viele Menschen begeistern, aber auch entfremden können, bewusst zurück. Aber es dürfte kein Zufall sein, dass der ehemalige deutsche Bundeskanzler Gerhard Schröder am Rande einer Veranstaltung in Wien einer der ersten Gäste war, die Sebastian Kurz gratulierten und mit denen er sich austauschte über seine anstehende Zeit im Kanzleramt.

Auch Schröder wusste früh, welchen politischen Weg er beschreiten wollte.

Kurz bewundert Schröders Entschlossenheit und politische Kaltblütigkeit, wenn ihm dessen polternde Art auch fremd sein mag. Der junge Kanzler wird etwas brauchen, was von größerer Dauer ist als die politische Karriere. Hier wird er sich beweisen müssen.

Schröder hat sich vor allem am Ende seiner Kanzlerschaft kaum noch an Umfragen orientiert. Er hat das getan, was er für richtig hielt – und mit der Agenda 2010 Deutschland wirtschaftlich nach vorn gebracht, aber eben auch seine eigene Zukunft riskiert und am Ende verloren.

Es wird sich zeigen, ob Kurz den Mut und den Atem hat, tiefgreifende Reformen umzusetzen. Die Gewerkschaften im

Hintergrund sind stark, und so könnte auch die arbeitneh-
merfreundliche SPÖ schnell wieder an Kraft gewinnen. Kurz
darf sich nicht zu sehr an kurzfristigen Umfragen orientieren,
wenn er tatsächlich Großes verändern möchte.

Kurz der Internationalist, der immer am hellsten gestrahlt hat,
wenn er das kleine Österreich in den Dienst internationaler
Organisationen gestellt hat, könnte auf internationaler Ebene
das Thema in den politischen Mittelpunkt stellen, das nicht
nur Österreich, sondern ganz Europa mehr als jedes andere
beschäftigt: Zuwanderung und Integration. Es geht um den
nächsten Schritt: Wie muss ein Europa der offenen Grenzen
nach außen gesichert sein, ohne dass die Werte Europas verra-
ten werden?
    Und wie ermöglicht man es Menschen, legal und sicher
nach Europa zu kommen, wenn sie hier für sich und ihre Kinder eine bessere Zukunft suchen wollen? Wie kann ein Land
wie Österreich dabei helfen, notwendige Zuwanderung sinnvoll zu gestalten? Das könnte ein Projekt sein, das zu Kurz
passt und seine Amtszeit prägen könnte. Und hier hätte er
auch die Chance, sein wahres Gesicht zu zeigen, das eben zwischen der Willkommenspolitik steht, die er als Staatssekretär
vertreten hat, und der harten Richtung, die er im Wahlkampf
gezeigt hat. Kurz wird also die Möglichkeit haben, sein Image
in dieser entscheidenden Frage womöglich ein weiteres Mal zu
korrigieren.
    Er läuft allerdings bereits schon in der Anfangsphase Ge-
fahr, dass ihm innerhalb der EU ein unsolidarisches Verhalten
vorgeworfen wird, wenn er die Verteilung von Flüchtlingen
nach einem Quotensystem in Europa ablehnt.

Der weitere Punkt wird sein Umgang mit dem Phänomen sein,
das auch dabei half, ihn an die Macht zu tragen: die im Wes-

ten grassierende Feindseligkeit gegenüber politischen Eliten. Nicht wenige Wähler, die dem alteingesessenen System einen Denkzettel erteilen wollten, wählten Kurz' Koalitionspartner am rechten Rand, die FPÖ. Aber auch unter Kurz' Wählern befinden sich unzählige Menschen, die sich von ihm einen Neuanfang erhoffen, die einen Bruch erwarten mit der politischen Kaste, die sie als abgehoben und von der Realität einfacher Menschen entkoppelt empfinden.

Diese Menschen haben sich in gewisser Weise davon blenden lassen, dass Kurz eigentlich längst Teil des Systems ist, das er vorgibt zu bekämpfen. Niemand hat eine längere Regierungserfahrung als er im österreichischen Kabinett, niemand hat in seiner Jugend so eindeutig die Strukturen der ÖVP genutzt, um aufzusteigen. Und dennoch hat sich Kurz etwas behalten, das entweder eine einmalige Show ist oder ihn tatsächlich ehrlich auszeichnet: Kurz versteht den Alltag der Menschen. Noch.

Als Kind wurde er geprägt vom Leben in der Weltstadt Wien einerseits und vom beschaulichen Leben auf dem Land andererseits. Sein größtes Talent ist der Umgang mit Menschen, egal welcher Herkunft, egal aus welcher Schicht, welcher Ecke des Landes, aus welchem Milieu oder welcher Bildung. Stets ist sein Umgang tadellos. Stets vermag er es, Menschen das Gefühl zu vermitteln, sich höchstpersönlich nur um sie und ihre Probleme zu kümmern.

Es macht keinen Unterschied, ob sich Kurz dabei auf der Straße in Wien befindet und mit Polizisten einen Smalltalk hält oder ob er auf einer Auslandsreise hochrangige Politiker trifft.

Es gibt Politiker, die das Talent haben, vor einer Kamera immer so zu wirken, als würden sie sich interessieren. Und wenn die Kamera aus ist, wenden sich diese Politiker ab. So ist Kurz nicht. Auch wenn die Kamera aus ist, hat er Interesse.

Das war auch das große Talent von Bill Clinton. Eine Gabe, die ihn nicht nur zu einem begnadeten Wahlkämpfer, sondern auch zu einem unschlagbaren politischen Dealmaker machte.

Auch Sebastian Kurz hat dieses Talent. Aber wie Clinton und alle großen Menschenfänger läuft er ständig Gefahr, sich zu sehr auf dieses Talent zu verlassen, seinen eigenen Fähigkeiten zu sehr zu vertrauen und schließlich zu verfallen. Clinton machte seine größten politischen Fehler, als er sich für unerreichbar beliebt und politisch unantastbar hielt. Ein ähnliches Risiko besteht für Kurz, gepaart mit einem besonders süßen und gefährlichen Gift – einer Atmosphäre in Europa und Österreich, in der die richtigen Worte, die leichten Versprechungen, die klaren Distanzierungen zum Althergebrachten gerade besonders gut funktionieren und besonders leicht Stimmen bringen.

Man mag es politischen Zeitgeist nennen oder Populismus – Kurz hat auf jeden Fall ein Gespür für diesen gerade sehr angesagten Sound. Gefährlich aber wird es, wenn Politiker jeden Applaus auf dem Marktplatz oder im Wirtshaus, jeden Jubel über markige Worte als Beleg dafür deuten, wie unfehlbar sie in ihrem Urteil sind. Es ist genau diese Selbstgefälligkeit, die sowohl Wähler als auch politische Gegner wittern und sich entweder abwenden oder Intrigen schmieden.

Mit der ÖVP hat Kurz eine Partei hinter sich, die momentan zwar komplett auf ihn ausgerichtet ist, aber die jederzeit kippen kann.

Fast jährlich sind die letzten Parteivorsitzenden ausgetauscht worden und auch schon jetzt haben einige der mächtigen Landesobmänner eine Rechnung mit Kurz offen. Sie nehmen es ihm übel, dass er seine Bewegung schon lange geplant hatte. Sie nehmen es ihm übel, dass die ÖVP nur noch eine One-man-Show ist. Und sie nehmen es ihm übel, dass er in der Regierung

tatsächlich wie angekündigt viele unabhängige Experten eingesetzt hat. Frauen und Männer, die nur deshalb in Positionen
kommen, weil sie im richtigen Bundesland geboren sind, gibt
es dagegen wenige. Das kann nur so lange funktionieren, wie
Kurz Erfolg hat. Wenn dieser Erfolg nachlässt, werden sie sich
rächen wollen. So wie das die ÖVP-Granden schon immer getan haben.

Die Bedrohung aus der eigenen Partei ist nicht wegzureden.
Aber die größte Bedrohung für Sebastian Kurz ist er selbst.
Ein gleichwertiger politischer Gegner, der ihm irgendwie gewachsen wäre, ist derzeit nicht zu erkennen. Christian Kern,
der weiterhin SPÖ-Chef ist, hatte einmal diese Rolle, als er
plötzlich auf der politischen Bühne erschien. Der Stern Kern
scheint vorerst erloschen, so schnell wird er sich von seiner
Wahlschlappe 2017 kaum erholen können. Aber im politischen Geschäft kann es schnell gehen, und Kurz müsste vor
allem dann die SPÖ fürchten, wenn sie einen Vorsitzenden
aufbietet, der sich nicht zu schade ist, offen mit der FPÖ zu
flirten.

Noch aber ist Kurz das Wunderkind. Doch zur Wahrheit
gehört auch: Niemand fällt tiefer als Wunderkinder. Nichts
enttäuscht Menschen mehr als der volksnahe Tribun, der im
Moment einer Unachtsamkeit eine zu teure Flasche Cham-
pagner bestellt, einen zu teuren Anzug trägt. Und nichts wird
genüsslicher ausgeschlachtet als der Sturz von Überfliegern
wie Kurz.

Seine größte Herausforderung wird sein, seine bisher nahezu untrüglichen Instinkte nicht zu verlieren und weiter auf
die Menschen zu hören, die ihm auch unbequeme Wahrheiten
sagen. Bislang hat das vor allem durch sein extrem stabiles fa-
miliäres Umfeld funktioniert. Wenn Kurz auf dem Bauernhof
in Zogelsdorf ist, dann behandeln sie ihn dort nicht wie den
großen Kanzler.

Der dritte Punkt einer möglichen Agenda Kurz schließt an den ersten an. Wie positioniert Sebastian Kurz die Marke Österreich, die vom Tourismus, von zahlungskräftigen Fremden lebt, in einem Europa, das sich zunehmend gegen Fremde abschottet?

Mit seinem Alter steht Kurz für Frische, für Zukunft und Optimismus. Mit seinen Worten im Wahlkampf hat er aber oft genug die Ängste und Sorgen jener beschworen, die in dieser Zukunft nichts Positives mehr zu sehen vermögen, sondern nur noch Überfremdung, das Verschwinden christlicher Werte aus Europa, die Angst vor dem Islam.

Kurz hat bereits jetzt als Kanzler versucht, dagegen zu wirken. Er wird seine Worte zurückhaltender wählen, er wird viele Besuche machen und immer wieder darauf verweisen, dass mit ihm keine Europafeindlichkeit zu machen ist. Kurz weiß, dass besonders international die Koalition mit der FPÖ auf viel mehr Skepsis gestoßen ist als im Inland. Während in Österreich keine große Debatte entbrannt ist, war das in fast allen Ländern der Welt anders. Unvergessen, wie der kanadische Premier Justin Trudeau kurz nach dem Wahlsieg über ihn lästerte, dass er wohl sogar noch mehr gemeinsam habe mit Trump als mit Kurz.

Aber klar ist: Kurz arbeitet bereits massiv an einer Gegenoffensive, um die österreichische Regierung international in ein anderes Licht zu rücken. Sein Verhältnis zu Merkel besserte sich bereits in den vergangenen Wochen, als die Kanzlerin Kurz als Erste zum Wahlsieg gratulierte, und sich noch dazu beeindruckt zeigte von seinem Wahlkampf.

Der junge Kanzler Kurz wird nur erfolgreich sein, wenn er ein junger Kanzler nicht nur im Aussehen und im Alter, sondern auch in seinen Worten ist. Wenn er Menschen mehr Ängste nimmt, als diese für sich und seine politischen Zwecke zu nutzen, so verlockend das auch manchmal sein mag. Je mehr

Kurz der Kraft seiner Jugendlichkeit vertraut, desto erfolgreicher wird er sein. Je mehr er in den kleinmütigen Angst-Wortschatz seiner Koalitionspartner verfällt, desto schneller wird sein Glanz verblassen.